孩子的教养

徐井才◎著

新华出版社

图书在版编目（CIP）数据

孩子的教养 / 徐井才著．-- 北京 ：新华出版社，2021.7
ISBN 978-7-5166-5922-9

Ⅰ．①孩… Ⅱ．①徐… Ⅲ．①儿童－家庭教育 Ⅳ．①G78

中国版本图书馆 CIP 数据核字（2021）第 114946 号

孩子的教养

作　　者：徐井才

责任编辑：杨　静　　丁　勇　　**封面设计**：李尘工作室

出版发行：新华出版社
地　　址：北京石景山区京原路 8 号　　**邮　　编**：100040
网　　址：http：//www.xinhuapub.com
经　　销：新华书店、新华出版社天猫旗舰店、京东旗舰店及各大网店
购书热线：010-63077122　　**中国新闻书店购书热线**：010-63072012

照　　排：博文设计制作室
印　　刷：永清县晔盛亚胶印有限公司

成品尺寸：145mm×210mm　　**开　　本**：32 开
印　　张：7　　**字　　数**：150 千字
版　　次：2021 年 7 月第一版　　**印　　次**：2021 年 7 月第一次印刷

书　　号：ISBN 978-7-5166-5922-9
定　　价：39.80 元

版权专有，侵权必究。如有质量问题，请联系调换：13683640646

前　言

有教养的孩子是最高级别的炫富

很多父母都有炫富的习惯，会炫耀自己的奢侈品，炫耀自己的收入，炫耀自己的能力。这样的炫富并不高级，因为人们看到的是炫富人的低俗、虚荣以及精神上的空虚。真正最高级别的炫富，其实是炫耀自己孩子的教养。

什么是教养?

教养其实有两个含义，一个是指文化与品德的修养；一个是指教育培养。而两者之间也存在着直接的联系，即通过教育和培养能够培育出一个有教养的人。

孩子身上的教养并不是与生俱来的，而是经过后天的教育培养出来的。

从一个有教养的孩子身上，能够看到父母成功的教育方法。又因为孩子是父母面前的一面镜子，所以孩子的教养能够映射出父母的修养。当然，父母炫耀的最大资本还是孩子的教养。

有教养的孩子是人群中的闪光点，一言一行都散发出浓浓的气质。教养是父母给孩子最大的、最珍贵的财富，它能够让孩子受益一生。因此，将孩子教养成一个有教养的人，是教育孩子的重中之重。

教养孩子是一条漫长的路，但这条路有捷径可行。掌握高效率地教养孩子的方法和技巧，不知不觉就能收获一名有教养的孩子。

目　录

第三章 情绪的“核裂变”，将不可控变为可控

第四章 教养并非两级的较量，有弹性才有韧性

第五章　将习惯的“盲点”变成“支点”

第六章　品性是最高阶的教养，破与立的重塑

第七章　谈价值观不是谈判，先一致才能谈沟通

第八章　美好生活是最好的“孵化”教养

第一章
“教养”一词，教在前面，养在后面

有教养的孩子，是父母用心教养出来的。教养孩子并不是给孩子提供丰富的物质条件，而是注重对孩子的教导。因为在“教养”一词中，“教”在前，“养”在后，所以教导孩子远比养育孩子更重要。

当我们谈“教养”时，究竟在谈些什么？

为人父母后，最爱谈论的话题，就是孩子。其中，有关孩子“教养”的问题，谈论的频率非常高。有些父母炫耀自己孩子很有教养，有些父母会寻求让孩子变得有教养的方法。但是，不管是说，还是问，都没能诠释出什么是“教养”。

炫耀孩子有教养的父母，他们炫耀的点在于孩子很有礼貌、很有规矩上，而寻求让孩子变得有教养的父母，他们询问的点也在礼貌和规矩之上。这些父母所认为的教养偏向于言语或动作谦虚恭敬的表现。

但实际上，这些并不能完整地诠释出教养，它仅仅是礼貌的范畴。所以，绝大多数父母都存在将礼貌和教养搞混淆的问题。你认为是在谈论修养，其实谈论的是礼貌而已。

什么是教养？它是指一个人的文化和品德的修养，是指在社会影响，家庭与学校教育，以及个人修养中显现的他律教化。教养涵盖了多个方面，礼貌是其中的表现形式之一，除此之外，教养还包括了规矩、态度、风度、习惯、道德等多个方面。

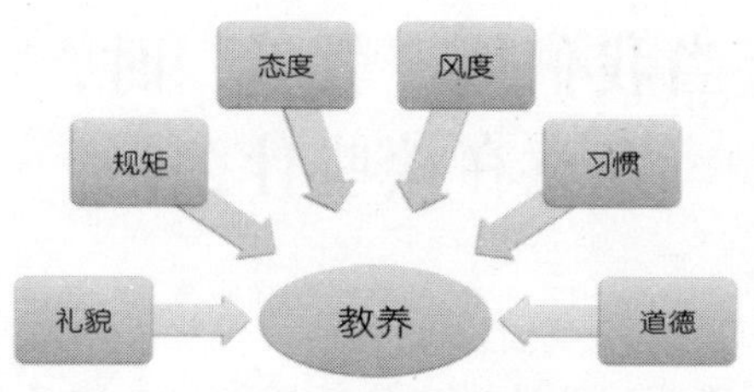

图1-1 什么是教养

教养和礼貌最大的一个区别是，教养是内在的，而礼貌是外在的，这是说，人可以伪装得很有礼貌，但不能伪装得很有教养。因为教养是由环境、教育、经历等结合而成的内在素质，指的是人的内涵和道德品质。

我们只有先弄明白什么是教养，才能教养孩子成为一个有教养的人。

01/ 重养轻教，是家庭教育的一种通病

我发现，孩子生活在同一个世界上，但是展现出来的教养却是两种截然不同的姿态：

有的孩子见人会问好，有的孩子会朝人扮鬼脸；有的孩子会将路边的垃圾捡起来丢入垃圾桶，有的孩子会对着垃圾桶投篮，或是直接随手乱丢；有的孩子会宽容待人，有的孩子会斤斤计较、睚眦必报……

孩子之间的教养会有如此之大的悬殊，原因在于父母的重养轻教，而这也是当今许多家庭中的一种通病。什么是重养轻教？是指父母注重于给孩子提供丰富的物质条件，而忽略了对孩子的教育。

通常来说，父母重养轻教的原因可分为主动和被动两种。

从主动上来说，父母掌握了教孩子的主动权，有足够的时间和精力去教导孩子。但是，因为对孩子的溺爱，忽视、放弃了对孩子的教养；从被动上来说，父母有教导孩子的想法，但是因为生活所迫，没有时间和精力去教导孩子。

不管是何种原因造成的重养轻教，都会给孩子的成长来带诸多的弊端，比如父母事事顺从孩子，容易令孩子形成孤僻、自傲、任性、自私自利等有缺陷的性格；父母事事替孩子包办，会使孩子的各方面能力得不到发展，也会让孩子逐渐散失抗挫折能力，最后变得懦弱、依赖性强、爱以自我为中心。

父母给孩子提供好的物质条件，这一点无可厚非，但是父母需要认识到，我们对孩子的责任不单单是要给他们一个健康的身体，一个好的生活条件，也要给他们一个好的教养。只有孩子的教养足够出色，他们才能很好地融入社会当中。而孩子的教养，决定于父母对他们的教育。

有研究表明，孩子越小，其行为习惯、人格、智力等方面的塑造性就最强，随着孩子逐渐成长，其探索外界的欲望和疯狂学习的心也将越强。但是，如果父母放弃这个重要的能够影响孩子一生的教育时刻，选择去惯养孩子，那么就会造成孩子教养的缺失。

对父母而言，孩子是爱的结晶，是生命的延续。对孩子来说，父母则是他们的第一任老师。父母的一言一行，都会给他们带来深远的影响。所以，家庭教育是孩子的人生中面临的第一道教育。

著名心理专家郝滨老师曾经说过：“家庭教育是人生

整个教育的基础和起点。”这是说，家庭教育是孩子日后接受其他教育的基础，有了一个良好的基础，孩子才能更好地去接受其他的教育。这就好比是一棵小树苗，树身从小就笔直，它才能长成一棵笔直的参天大树。所以，家庭教育的好与坏很大程度也能够决定孩子的未来。

究竟什么是家庭教育呢？很多父母会认为，教孩子识字、背诗就是对孩子的家庭教育。实则不然，家庭教育有一个非常广泛的范围，它包含了对孩子的文化教育、品德教育、生活生存能力的培养等等。

家庭教育是一门渊博的学科，在对孩子进行家庭教育的过程中，我也曾踏入过重养轻教的雷区。

我的女儿从小探索欲就很强，总会做一些令人感到恼火的事情，比如她会把自己的玩具拆开，研究其中的构造；会用水彩笔给洋娃娃化妆；会翻遍家中的每一个角落，等等。当我看到她的这些带有破坏性的表现时，我总是会大声制止她不要再继续。

我的制止让家变得整洁干净，但同时也扼杀了孩子探索欲。当我发现孩子向我问“为什么”的频率越来越少时，她对新事物不那么上心时，我便知道，我踏入了家庭教育的雷区，轻视了对孩子的家庭教育。

从表面上看，孩子的一些行为带有破坏的性质，但是透过表象去看内里，会发现这是孩子们探索外界、寻求答案、提升自我能力的一种方式。所以很多时候，我们用主观的情绪去看待孩子的某些行为是以偏概全的，而我们的制止也并不是在教育孩子。

家庭教育不是手把手教育孩子，而是在尊重、理解孩子探索学习的基础之上去教育孩子，这样才能将孩子教育成一个有教养的孩子。比如针对我的孩子破坏性的行为，正确的教育方式是鼓励孩子通过自己的方式去探索和学习，在探索和学习的过程结束之后，要教导孩子做好收尾的工作。

对父母来说，养大孩子很容易，不管是娇养还是糙养，孩子都能长大。真正难的是，如何将孩子教育成才，成为一个有教养的人。所以，父母需要注重对孩子进行家庭教育。

02/ “熊孩子”为什么“熊”？缺教养

“熊孩子”是一个网络用语，指的是岁数小不懂事、调皮捣蛋、无法无天，且没有得到良好的家庭教育的孩子。

这类孩子往往不按常理行事，做出来的事情令人错愕、无所适从。这些事情，有些令人啼笑皆非，有些令人怒不可遏。所以，熊孩子也是当今社会热议的人群之一。

在生活中，熊孩子做出的“壮举”数不胜数，比如他们会在你熬夜做好的策划案上涂鸦；会将你的手机扔进水里；会相约去划停在路边的汽车；会悄悄使用父母的网银打赏主播；会将咀嚼过的口香糖黏在公园的座椅上；等等。这些事情，有些是孩子刻意为之的恶作剧，有些是无意识去做的。这些事情在让受害者暴跳如雷的同时，也令父母内心疲惫、无可奈何。

“熊孩子”为什么“熊”呢？原因有以下几个：

首先，熊孩子爱以自我为中心。绝大多数熊孩子在家中都是惯养的，父母与其他长辈都围着孩子转，这样的溺爱会使孩子变得爱以自我为中心。当孩子过度地关注自己，就会按照自己的意愿去做事，很少会站在他人的角度去思考问题。这种将自己作为焦点的思维模式，会使得孩子做出一些“熊”的行为。

其次，熊孩子缺乏自我控制力。曾经，有心理学家针对不同年龄段的孩子就“自我控制力”做过一个实验。这名心理学家准备了许多零食，并给了孩子们两个选择：第一个选择是如果立刻吃零食，只能得到数量很少的零食；第二个选择是如果等待一段时间，会得到数量多的零食，且等候的时间越长，零食的数量就越多。

实验结果是，在6至8岁的孩子中，有2/3的孩子选择立刻吃，只有1/3的孩子选择等待，不过，这些孩子等候的时间并不长；在9至11岁的孩子中，有一半的孩子选择立刻吃，一半的孩子选择等待，等候的时间延长了许多；在12至15岁的孩子中，几乎全都选择了等待，且等待的时间非常长。

从这个实验可以看出，孩子年龄越小，其自我控制能力就越薄弱，他们不懂得根据环境将自己的行为进行调整，也不懂得控制自己的内心冲动。所以，在看到某件想要的东西，或是碰到了能让自己感到开心的事，就控制不住地想要去满足自己的欲望，继而做出许多“熊”事。

最后一个原因是孩子没有掌握社会规范。社会的和谐源于人们对社会规范的遵守，所谓的社会规范，其实就是对人的行为规范，即在什么样的环境中，可以做什么，不可以做什么。比如在公共场合不能喧哗；在购买东西时需要排队结账；在没有得到他人允许的情况下，不可以乱拿别人的东西；等等，这些都属于社会规范。

这些社会规范，如果父母不告诉孩子，孩子就会不知道，他们很难凭自己摸索出来。没有了社会规范的约束，孩子的行为将会是随心所欲的，所以做出一些熊事是必然。

其实，将这些导致熊孩子熊的原因总结一下，可以汇成一个原因，那就是孩子缺乏教养。当孩子的文化和品德的修养都不达标时，做出来的事自然会是离经叛道、有违常理的。那么，孩子为什么会缺乏教养呢？这又要回归到家庭教育上。

网络上有一句流行语：“每一个熊孩子的背后，都有一个放纵孩子去‘熊’的家长。”这是说，孩子的熊很大程度是因为父母不对孩子进行管教。父母不管教孩子，孩子就不会知道哪些事是能做的，哪些事是不能做；不知道自己做的事情哪些是对的，哪些是错误的。当他们对是与非没有一个明确的认知，做出来的事情自然“熊”。

有一次，我带女儿乘坐飞机，因为这是她有记忆以来第一次乘坐，所以显得有些兴奋。当我没有教导她不可以乱碰触飞机上的按钮时，她在好奇心的驱使下，会摸摸这儿摸摸那儿，甚至观察起了一些按钮，隐隐有按下去的冲动。很显然，她的这些行为带有探索的性质，她也根本没有意识到自己的行为会带来危险。当我教导她哪些按钮不能按，按过之后会带来什么危险后，她就不再去碰触。

有教养的孩子，从来不是父母过度放任或过度严苛出来的，而是取于两者中间。在教育孩子的时候，既要给孩子足够的关爱、尊重和自由，也要给他们设立明确的界限，告诉他们社会规范、生存法则。

当孩子做出“熊”的行为时，要先了解他们这么做背后的原因是什么，这能有效安抚孩子的情绪。然后，就要指出孩子的错误之处，并告诉他们对的做法。为了让孩子长记性，有时候也可以给予他们适当的惩罚。

孩子就像一张白纸，我们在上面画什么，他就会成为什么。想要孩子成为一个有教养的人，就要对他们先教后养。

03/ 当父母需要考试，你能拿多少分

这是一个应试社会，读书时期，需要面临无数场考试，进入社会后，想要从事某职业，也需要通过考试获取从业资格证。在考试如此频繁的时代，世界上最难的职业之一——为人父母却不用去考试。

不同的父母对孩子的教育方式也不同，使得孩子的教养出现了显著的差异。比如，有的孩子品学兼优，有的孩子不学无术；有的孩子谦逊有礼，有的孩子傲慢无礼；有的孩子极有责任心，有的孩子缺乏责任心；等等。

在此，我想要问各位父母一个问题：如果让你参加为人父母的资格考试，你可以拿多少分呢？这个分数，可以参考孩子的教养来打分。

如果孩子很有教养，那么分数是超过及格线的；如果孩子缺乏教养，那么分数是在及格线以下的。如果你的分数在

及格线以下，就需要思考，你对孩子的教育方式是不是存在问题。

之前我说过，孩子的教养不单单是懂规矩、懂礼貌，它也包含了其他很多方面。所以，教养是综合素质的体现。通常来说，孩子缺乏教养，无外乎是父母踏入了以下一些误区：

对孩子过度溺爱。父母将孩子护在自己的羽翼之下，在物质上无条件地满足孩子的需求，会令孩子的性格变得胆小懦弱、缺乏自信、自私自利等，同时也会阻碍孩子的心智和各方面潜能的发展。

对孩子过度严苛。很多父母迫切地希望将孩子能成才，并信奉棒棍之下，孩子才能成才。所以在教育孩子的时候，会采用严苛的方式。但是，一旦过于严厉和专制，就会导致孩子的身心严重失衡。在性格上，会令孩子的脾气变得暴躁、冷淡、焦虑等；在行为上，会令孩子行事极端。

对孩子不够尊重。父母忽略孩子的优点、剥夺孩子的自主权利、对孩子嘲笑挑剔、贬低孩子等等，这些都是不尊重孩子的行为。而每一种不尊重孩子的方式，都会给孩子的成长带来不好的影响。

对孩子过于忽视。有时候，父母忙于生活、忙于工作，导致没有那么多的时间和精力去管教孩子，然而，孩子的世界观、价值观和人生观，都需要父母去引导和建立。一旦孩子的三观有所偏颇，那么孩子就会做出许多缺乏教养的事。

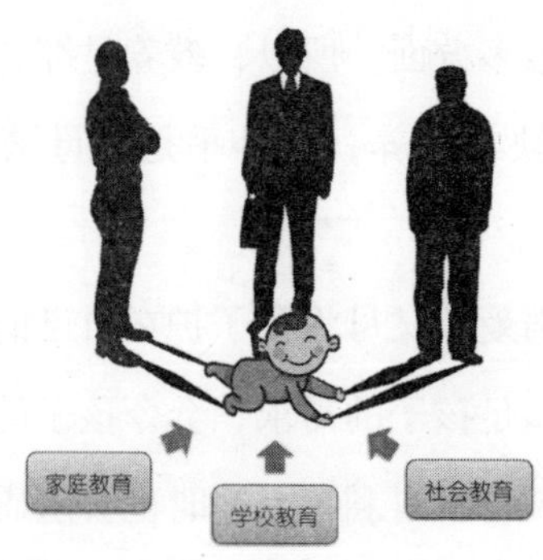

图1–2 教育决定了孩子的未来

孩子的一生需要面临三大教育，分别为家庭教育、学校教育和社会教育。其中，家庭教育是孩子人生中面临的第一道教育，而施教者是父母。只有父母对孩子展开优秀的家庭教育，为孩子打好基础，孩子才能成为一个有教养的人。

我在电影院看了一部很有深意的电影，片名为《何以为家》，讲述的是一个12岁的小男孩将父母告上法庭的故事。

小男孩名叫扎因，出生于一个极度贫困的家庭。他的父母只管生孩子，却从来不管教孩子。然而，孩子生得越多，这个家庭就越穷。所以，扎因没有去上过一天学，他不得不摆地摊卖果汁、搬送煤气罐，用赚到的钱照顾自己和妹妹。后来，在父母的威逼之下又去骗制毒的处方。

扎因的成长充斥着父母的打骂，父母也总是用“垃圾”来称呼他。后来，扎因持刀伤人，被判入狱。不过在入狱之前，他控告了自己的父母，理由是他的父母只管生孩子，从来不去教育他们。扎因认为，如果父母在他小的时候，能教育他、养育他，他的人生不会如此暗淡。所以，他十分希望所有不能教育好孩子的父母都不能拥有孩子。

这部电影讲述的故事是压抑的，同时也是当今社会很多家庭的真实写照。有太多的父母因为各种原因，不对孩子实施教育。

在孩子小的时候，他不能意识到父母对他的教育会给他的未来带来怎样的影响，但是，随着孩子日渐长大，他会发现自己的教养与其他孩子之间存在着很大的差异，且不说孩子的内心会因此产生强烈的落差感，单单是教养的缺失，也会令他们做出许多有违常理的事。当孩子尝到来自教养的缺失的重击后，就会怨恨父母在他小的时候为什么不教育他。

在现实之中，为人父母不需要参加考试，但是作为父母的我们，需要主动地投入到考试当中，并为自己打一个分。根据这个分数，对孩子展开具体的教育。

04/ 教养是如何决定一个人前程的

教养能否决定一个人的前程？答案是肯定的。

我在之前阐述过教养的定义，它是指人的文化、品德的修养，是一种综合素质的体现。那么，有教养的人都会有哪些表现呢？

从文化修养上来说，有教养的人都极有内涵，他们谈吐不凡、博学多闻、多才多艺，并且会活到老，学到老，不断地去充实自己。

从品德修养上来说，有教养的人很懂礼貌，不管遇到了什么人，都会在言行上展现自己最为礼貌的一面；有教养的人很守规矩，不会插队、不会在公共场合大声喧哗，更不会不经过他人允许就随意碰触别人的东西；有教养的人态度都很和蔼，嘴角边总挂着一抹淡淡的微笑，不管是说话还是聆听，眼睛都会专注地看着对方；有教养的人谦逊而低调，从不会夸大自己，也不爱在人前刻意地表现自己；有教养的人懂得尊重他人，会站在对方的角度去思考问题；有教养的人会有诸多的美好品质，比如信守承诺、富有同情心、宽容大度等等。

这些表现，使得有教养的人会令人感到舒适，令人感到安心，令人不由自主付出信任，人们愿意与有教养的人交谈、相处和来往。所以，每一个有教养的人在社会中都极受人欢迎，他们不管在哪儿都会受到重用。此外，有教养的人身上有一种积极向上的正能量，他们会凭借着自己的努力，为自己开疆辟土。所以，有教养的人的前程都不会差到哪儿去。

一个人的教养并不是与生俱来的，而是通过后天养成的。一个人的修养也并非一朝一夕就能培养出来，它需要经历一个漫长的积累过程。所以，有教养的孩子通常是通过教育培养出来的，有教养的孩子未来也将会成长为一个有教养的人。

在孩子成长的过程之中，教养也会为他们带来许多的益处。比如，能够提升孩子的自信心。因为，有教养的孩子通常会受到人们的夸奖，这种夸奖能够起到增强孩子自信的作用。当孩子有了自信，那么在未来他将会勇往直前。

教养能够让孩子获得更好的机会。因为，有教养的孩子往往惹人喜爱，令人偏爱，他们是人群中的发光点，机会总爱降临在他们的身上。

我的女儿很喜欢主持，有一次，电视台招选小主持人，女儿表现得很感兴趣，我便鼓励她去参加。我陪着她去了电视台，领了面试的号码牌后，在等候厅里等候叫号。

当时，来参加面试的小朋友有很多。很多孩子因为来到了新环境中，好奇心致使他们摸摸这个，摸摸那个。直到工作人员告诉孩子们，要乖乖坐到自己的位置上去，才纷纷回到了自己的座位上。不少孩子们回到座位上后，又和左右两边的孩子凑到一起小声聊着天。

我的女儿也是第一次来电视台，我能看出她也对身边的新事物感到好奇。不过，她没有加入探索新事物的大军当中，而是安安静静地坐在自己的座位上，复习着自己的主持词。

就这样，等候室的小朋友一个接一个去面试。面试结束的人并没有走，需要等待最终的结果。等所有的孩子都面试完毕后，面试的老师带着结果来到了等候室。令我颇为意外的是，我的女儿被选中了。老师告诉我，孩子之所以被选中，并不是因为她的主持有多么的好，而是因为她足够遵守纪律。

我的解读是，只有孩子足够遵守纪律，老师才能将所有的精力放在如何提升孩子的主持能力和如何能够展现出一个完美的舞台效果之上。其实，对我们的孩子来说，遵守纪律也是教养的表现，而教养有时候真的能给孩子带来机会与机遇。

既然教养能够决定一个人的前程，那么父母就需要重视起孩子的教养，将孩子培育成一个有教养的人。通常来说，孩子的教养取决于教育，而孩子接受的第一个教育就是来自父母的家庭教育。只有家庭教育足够优秀，其他教育才能为孩子锦上添花。

出色的家庭教育并不是教导孩子怎么做，而是需要言传身教。当父母教导孩子怎么做的同时，又能以自身为榜样，孩子在耳濡目染之下，才会成为一个有教养的人。此外，教养作为一种良好的行为习惯，父母需要从小去培养。当教养深入孩子的骨髓之中，那么他无意识之下的言行，也会透出浓浓的有教养的气息。

05/ 教养这东西从来不分年龄大小

我接触过很多家长，他们认同孩子需要有教养。但矛盾的是，他们认为孩子的年龄越大，就会变得越有教养。事实上，教养是不分年龄大小的。有时候，孩子的年龄很小，他们也能表现得很有教养。

在生活中，我们会发现，有的孩子懂礼貌、守规矩，有些成年人却没礼貌、没规矩；有的孩子在蹒跚学步的时候，就懂得将地上的纸屑捡起来丢进垃圾桶，而有些成年人不仅不爱护环境，还会习以为常地随地乱丢垃圾；有的孩子在闯祸后，会主动承认错误，有的成年人在闯祸后，会逃之夭夭。

可见，教养这种东西是从来不分年龄大小的。年龄小也能表现出教养，年龄大也能表现出没有教养。所以，真正决定教养的因素是：这个人接受的教育是怎样的。当孩子从小接受的教育能够培育出他的教养，他未来才会成长为一个有教养的人；当孩子接受的是教育不能培育出他的教养，他未来将很难成为一个有教养的人。

有一位教育学家就孩子的教养是否与年龄大小有关，做了一个实验。这位教育学家选择出了三个家庭，这三个家庭中都有一个7岁的孩子。教育学家给三个孩子设置了相同的场景，并给出了三种教育方式。

这位教育学家设置的场景是，他让三个家庭的父母在家中摆放了许多易碎的东西，比如花瓶、鱼缸、植物盆栽等等。在孩子将这些易碎品打碎时，对孩子实施教育。

第一个孩子将家中的花瓶打碎后，他接受到的教育是批评和训斥。这种教育方式令孩子变得胆怯起来，他不敢再在家中肆无忌惮地乱跑，哪怕在别人面前，他也畏手畏脚；

第二个孩子将家中的鱼缸打碎后，他接受到的教育是夸奖。父母夸奖他是解救了被鱼缸困住的金鱼的小英雄，当父母买回一个新鱼缸后，孩子故意将新鱼缸摔碎了；第三个孩子将家中的盆栽打碎后，他接受到的教育是父母温和地引导他认识和承认自己的错误。这种教育方式令孩子反省了自己的不足，并谨记不再犯。

同样一件事，经过三种不同的教育方式后，孩子所体现出来的教养是天差地别的。所以，孩子的教养与年龄大小无关。与之有关的是，孩子是否受到了父母正确的教导。

有位儿童教育学家曾说过：“错误的教育方法，其实就是在培养‘流氓’。”这是说，家长采用错误的教育方法去教育孩子，那么孩子怎么也不会成为一个有教养的人。只有对孩子实施了正确的教育方法，孩子才会成为一个有教养的人。

在明白了孩子的教养与年龄的大小无关后，那么在教育孩子的时候，就不要去在意孩子年龄的大小。教养作为一种行为习惯，孩子越小培养，就越容易养成。所以，在孩子很小的时候，父母就可以有意识地去教育孩子。

在我的孩子2岁左右的时候，我抱着她乘坐电梯。期间，上来了几个年龄稍大的孩子。几个孩子将电梯的按钮胡乱按了一通，我及时制止了孩子们的行为，并告诉他们，电梯的按钮不能乱按。其中有个孩子问我为什么不能乱按，我告诉他，电梯的运行是由电脑程序控制的，而电脑程序就像是人的大脑，每按一次电梯，其实就是在接收一次指令，当接受的指令越多越复杂，大脑就会产生混乱，最终造成电梯故障。孩子们听懂后，便没有再按。

这件事，我并没有放在心上。但令我没想到的是，我的女儿却将我教导这些孩子的话记了下来。因为，在女儿长到能够到电梯按钮这么高时，她从来都不会去按电梯。有时候看到其他小朋友乱按电梯，也会人小鬼大地告诉别人不能乱按的道理。

当我问我女儿，电梯为什么不能乱按时，她并不能说出具体的原因，只知道乱按电梯会令电梯坏掉。

从这件事可以看出，孩子的教养与年龄大小无关，而是与父母对孩子的教育有关。只有父母用心给予孩子正确的教导，孩子才会成为一个有教养的人。

06/ 该教的事要教，没有“长大了就好”这种事

孩子年龄小，不可避免会做出一些缺乏教养的事，比如孩子会在长辈面前没大没小；去别人家做客时会乱翻主人家物品；在需要遵守秩序的场合中时，无视规则和秩序；等等。不少家长在看到孩子的有失教养的行为时，会显得不以为然。

我的身边也存在这样的家长，当我询问他们为什么不对孩子缺乏教养的行为进行管教时，这些家长给我的回答无外乎是“孩子小不懂事，长大就好了”。

我从这些家长的回答中发现，他们知道孩子的行为是缺乏教养的，也有期望孩子变好的想法。但是，他们将期望寄托在了时间上，认为时间能够消磨掉孩子的缺点，认定时间可以给他们一个有教养的孩子。

但事实真的如此吗？孩子长大后真的能变好吗？答案是否定的。

不可否认，随着年龄的增长，孩子的某些方面的确在变好，比如孩子身高、体重、智商等等，这些会随着年龄的增长而增长。但是，孩子的教养并不会随着年龄的增长而变好，反而小时候的缺点会随着年龄的增长而在孩子的身上生根发芽，根深蒂固。因为，孩子的习惯、品性，在其少年时期就定型了。

这些缺点，会给孩子的人生带来诸多恶劣的影响，比如会影响孩子的人际交往，因为没有人喜欢与一个缺点重重的人交往；会令孩子失去很多的机会，因为孩子身上的坏习惯会让人觉得不靠谱，继而不愿意委以重任。此外，这些缺点，也会令孩子的日常生活一团糟。

孩子如同一棵小树，需要不断的养护和修剪，如果种下之后就不闻不问，任其发展，相信小树自己吸取天地精华就能长成参天大树，有多少成功的概率呢？更大的可能是长得慢，长得歪，或者生病，早早夭折。

孩子身上有缺点，这并不可怕，可怕的是放任缺点的发展。父母对孩子教养的意义，是希望孩子越成长越出色。所以，在孩子出错了，该教的事要教，不要指望孩子长大了就好。

我去幼儿园接女儿时，老师经常夸奖我的女儿懂事又自立。很多家长时常会问我是怎么教育孩子的，为什么孩子在幼儿园表现那么好。

其实入园的前一年，我就开始每天有意识地训练女儿自己吃饭、穿衣服、上厕所等，当我发现她有不好的习惯时，我会立刻指出她的坏习惯，告诉她这个习惯为什么不好，需要怎么纠正。而她纠正坏习惯的过程，我也会监督、跟进。

当时，我的女儿只有两岁左右，孩子的爷爷奶奶会责怪我对孩子过于严厉，也跟我说过“孩子长大就会好”这一套理论。但我始终坚持自己的教育方式，该教孩子的事情要教，并且要越早去教。因为，如果孩子不能及早适应幼儿园的生活，长此以往，对其身心发展是极为不利的，会令孩子的性格变得自卑、孤僻、沉闷。

孩子一天天地长大，在每个年龄段，都需要具备相应的能力。而所有的能力，并不能一蹴而就，而是需要从小培养。不要担心孩子年纪小，事实上，孩子越小可塑性就越强。孩子越早接触到正确的认知，就会越早在正确的道路上前行。

水滴石穿非一日之功，从来不是孩子长大了就好了，而是孩子一直都很好，长大了才会依然好。

第二章
从“连接”到“联结”，重构才能“重生”

孩子是父母生命的延续，但也是独立存在的个体。当父母将孩子看作自己的所有物，那么孩子将很难教养。父母需要尊重孩子，用心去了解孩子的想法，只有从“连接”进化到“联结”，才能教养出一个优秀的孩子。

第二章

从"连接"到"联结"，重构才能"重生"

不是孩子“难搞”，而是你不懂

孩子诞生的那一刻，父母是满心欢喜的，但随着孩子日渐长大，不少父母都萌生了将孩子揣回肚子里的想法。我曾问过这些父母为什么会有这样的想法，他们给我的回答是，孩子太难搞了。

这些令父母觉得“难搞”的孩子，总是会做出一些令父母感到匪夷所思的事；总是将父母的教诲当作耳旁风；总是陷在同一个错误中出不来。当父母在教育孩子这件事上投入的时间和精力多了，便会感到疲惫，感觉孩子越发“难搞”。

事实上，真的是孩子“难搞”吗？实则不然，其实是为人父母的我们没有弄懂孩子。

有研究表明，孩子年龄越小，越不会用言语去表达自己，父母在没有弄懂孩子内心的想法时，就去教育孩子，那么得到的教育成果自然是事倍功半的，有时候还会无功而返。比如，孩子们都有着强烈的好奇心与探索欲，他们的一些所作所为在父母看来是危险而匪夷所思的，但对孩子来说，他们只不过是在探寻奥秘。如果父母制止孩子去做，那么不仅会扼杀孩子的好奇心和探索欲，还会使孩子的性格朝着不好的方向发展。

孩子就像是一道题，只有先审清楚题目，才有可能写出正确的答案。反之，题目的意思都没有弄懂就动笔了，那么答案必然是错误的。

孩子的教养不是与生俱来的，而是父母在后天教导出来的。这里的教导，必须对症下药，这样才能令孩子成为一个有教养的人。而对症下药的前提是，要先懂孩子。只有弄懂孩子，才能对孩子因材施教。

01/ 孩子一出生就带着一串气质密码

我发现，很多家长在看到别人家的孩子特别出色时，在心生羡慕的同时，也会讨要教育孩子的方法，希望通过相同的教育方法教导出一个优秀的孩子。那么，结果如何呢？结果是这些教育方法在自己的孩子身上根本不管用。

不管用的原因，并不是说教育方法不好，因为每种教育方法都是有可取之处的，不管用的原因是，这样的教育方法并不适用自己的孩子。

比如说教的教育方式，对于懂事理的孩子，只要说上一两句道理，孩子就会明白怎么做才是对的，但对于不明事理的孩子，说破了嘴，他也依然分不清对与错；用严厉的教育方法去教导调皮捣蛋的孩子很管用，但用在心灵脆弱的孩子身上，就会对其身心发展造成伤害。

同样的教育方式，在不同的孩子身上有不同的效果，是因为孩子之间存在着差异，是因为我们的孩子从出生起，就带着一串气质密码。

很多家长都知道摩斯密码，通过破译，能够得到密码中的信息。孩子身上的气质密码和摩斯密码一样，只有先破译了孩子身上的气质密码，才能选择出对的教育方法，将孩子教育成一个有教养的人。

每个孩子身上的气质密码都是独一无二的，且是与生俱来的，只要足够细心，我们就会发现自己的孩子与其他孩子的不同之处。比如刚出生的孩子，有的孩子好动，有的孩子安静；有的孩子爱笑，有的孩子爱哭；有的孩子喜欢早睡早起，有的孩子睡觉时间不规律；等等，这些都是因为气质密码的不同。

“气质”是心理学上的专业名词，是指典型的、稳定的心理特点。所以，不同气质的孩子，展现出来的行为方式、性格脾气等，也都有所不同。

古希腊医生希波克拉底很早就察觉出人有着不同的气质，他根据人体内的四种体液，将人的气质划分为四种不同的类型。后来，著名的心理学家巴普洛夫根据希波克拉底的四种气质，匹配出了相对应的高级神经活动类型。

人的四种气质分别为：

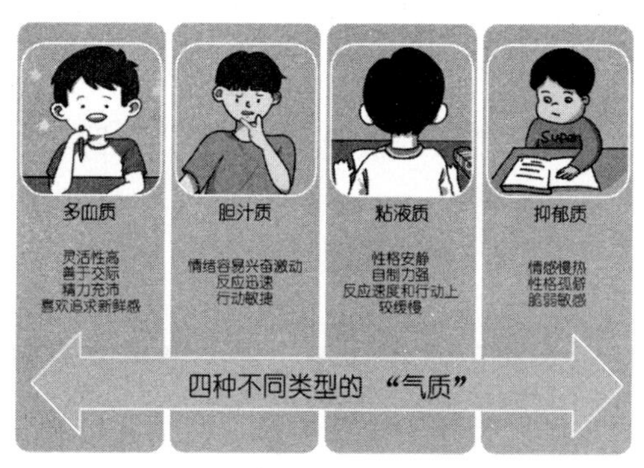

图2-1人的四种“气质”

（1）多血质

多血质，对应的高级神经活动类型是活泼型。这类气质的人的特征有：灵活性高、善于交际、精力充沛、喜欢追求新鲜感，同时也能快速适应环境的变化。所以，多血质气质的孩子的性格乐观开朗；他们有着强烈的好奇心强，对什么都很感兴趣；他们情感充沛，喜欢交际，并能轻而易举地获得他人的喜爱。当然，他们也容易骄傲。

（2）胆汁质

胆汁质，对应的高级神经活动类型是兴奋型。这类气质的人特征有：情绪容易兴奋激动、反应迅速、行动敏捷。所以，胆汁质气质的孩子性子急，在面对事物时总有燃烧不尽的热情；他们不会向困难低头，总会迎难而上，不过很少会考虑自己是否能做到；他们有着很强的决断力，是天生的领导者。当然，这类气质的孩子也有固执、急躁易怒、过于自信、容易沮丧等缺点。

（3）粘液质

粘液质，对应的高级神经活动类型是安静型。顾名思义，这类气质的人性格上会很安静，反应速度和行动上比较缓慢。所以，粘液质的孩子性格文静；他们自制力较强，能够克制自己的情感和欲望；他们低调，不爱在他人面前表现自己。这也意味着，这类气质的孩子灵活性不足。

（4）抑郁质

抑郁质，对应的高级神经活动类型抑制型。这类气质的人的特征，从情感上来说，抑郁质类型的人体验情绪的方式较少，对情感慢热，但是，一旦产生了情感，就会深刻而持久；从性格上来说，这类气质的人性格内向、孤僻；从行动上来说，他们做事迟缓，遇到事情时容易优柔寡断，内心涌出恐惧感。所以，抑郁质的孩子性格内向，不爱与人交往，他们对自己和他人的要求很高，但内心却脆弱、敏感多疑。

虽然说，人的气质具体可分为四种气质，但是，属于某一种气质类型的人并不多，绝大多数的气质都为混合性。换一种说法，就是大多数孩子都是拥有四种气质倾向的，只不过比例不同。

那么，如何破译孩子的气质密码呢？这需要父母去观察孩子，结合孩子的性格、言行、处事方式，等等，就能判断出孩子的气质类型。根据孩子的气质类型选择适合的教育方法去教导孩子，孩子才能被教育成一个有教养的人。

在这里，以我的女儿为例。我的女儿属于混合型气质，她混合的是多血质、胆汁质和粘液质。其中，多血质占据大半的比例。

因为，我的女儿性格很乐观、开朗，她的好奇心和探索欲望很强，在看到新鲜事物后，会立马付出行动去探索。此外，她在做一件事情时，总能耐心十足，坚持到底。我在解开孩子的气质密码后，筛选出适合她的教育方式，以至于每一次都能取得不错的效果。

想要将孩子培育成一个有教养的人，其实并不难，只要读懂孩子，采用适合他的教育方法即可。所以，每一位父母都要试着去破解孩子身上的气质密码。

02/ 儿童自我意识发展很重要，别傻傻不知道

为人父母，都希望自己的孩子成为一个有教养的人。教养是后天形成的，所以不少父母会想方设法地培养孩子。然而，这些培育很多时候并没有发挥作用，反倒使孩子与我们期望的样子背道而行。其中的原因在于，父母没有读懂孩子的自我意识。

当孩子希望得到父母的夸奖时，父母给了他批评；当孩子想要学习舞蹈时，父母却送他去了音乐班；当孩子希望父母能鼓励他时，父母总在他耳边说些丧气话，等等，父母的这些做法，其实都违背了孩子的自我意识。而违背孩子自我意识的教育方式，传递给孩子的都是消极的能量，所以怎么也不能将孩子教导成一个有教养的人。

那么，什么是自我意识呢?

自我意识是意识的一种形式，是指一个人对自己的意识，包含了对自身机体和状态的意识，对自我肢体活动状态

的意识，对自我思想、情感和意志等心理活动的意识。简而言之，自我意识其实就是自己认识自己。有了自我意识，才能对自己的思想和行为进行自我调节和控制。

每个人都有自我意识，孩子也不例外。那么，自我意识是与生俱来的吗？当然不是，它需要一个形成、发展的过程。自我意识就像是一列从人生的起点驶向人生终点的火车，会贯穿一个人成长的每一个时期，且每一时期呈现出来的自我意识都各有不同。

对孩子来说，其自我意识的形成和发展会经历以下几个阶段：

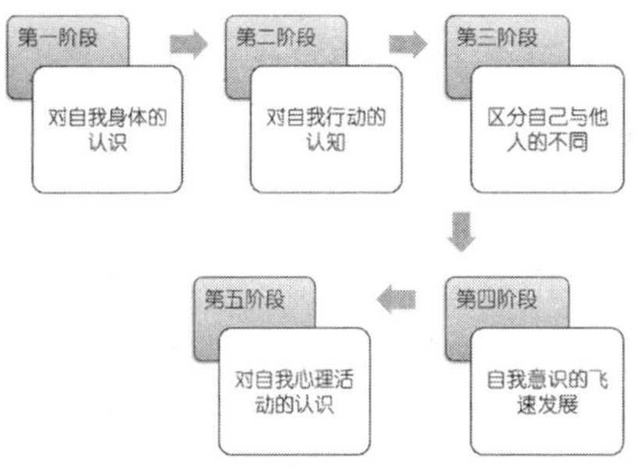

图2-2 自我意识形成与发展的五个阶段

第一个阶段是对自我身体的认识。比如在婴幼儿时期，孩子会玩自己的小脚，吮吸自己的小手，用身体通过对外界事物的碰触，来更深切地感知自己的身体。

第二个阶段是对自我行动的认知。这个阶段，孩子的注意力会放在自己的动作上，会反复地做同一个动作，并学会用大脑给自己的身体下达指令。

第三个阶段是区分出自己与他人的不同，比如他知道自己的名字，知道东西的归属，逐渐明白人与人之间是独立存在的关系。

第四个阶段是对自我意识飞速发展的阶段。这个阶段孩子能清楚地感知到自我，并能意识到身体内部的变化，比如他会感受到身体上的不适，会对父母说出自己的需求，懂得说不，等等。

第五个阶段是对自我心理活动的认识。孩子开始懂得自己想做什么和应该要做什么的区别，知道做错事情后会害羞、羞愧。同时，也能认知到自己的优点和缺点，懂得自我评价。

很多父母应该会有这样的体验，和趣味相投的人交谈时，会感到轻松而愉快，对于对方的建议，会轻而易举地听从。同样的，随着孩子的成长，其自我意识就越发强烈，他们有自己的想法和主张，父母想要让孩子接受自己的教导，就要顺着孩子的自我意识去教育他们。

有一次，我带着女儿去朋友家做客。女儿和朋友的孩子年岁相当，两个小家伙坐在游戏垫上玩着玩具。

朋友的孩子手里玩着一款特别新奇的玩具，将我女儿的注意力一下子吸引了过去。朋友见我的女儿特别想玩，她就让她的孩子将手上的玩具给我的女儿玩一下。不过，她的要求遭到了孩子的拒绝。孩子一个劲儿地说“这个玩具是我的”。

这之后，朋友用“这个玩具你平时都不玩”“你是姐姐要让着妹妹”这样的话语去说服孩子，但孩子就是不为所动，并且妈妈越说，她越将玩具紧紧地抱在怀里。朋友见说服不通，就动手去拿孩子手上的玩具，这一举动，立马惹哭了孩子。

其实，我的朋友对孩子说的话无法产生作用，原因在于她没有弄懂孩子的自我意识。

我们需要知道，孩子的自我意识是什么？简单点说，就是明白孩子心里在想什么。就像朋友的孩子，在妈妈让她将手里的玩具给其他小朋友玩一下时，她没有说“我也想玩”，而是下意识地说“玩具是我的”，那么她在意的就是玩具的归属问题，而不是在意自己玩不玩。顺着孩子的自我意识去说服孩子，就要明确地强调玩具的归属，告诉孩子玩具是她的，玩一会儿就会还给她，那么孩子就会大方地让出自己的玩具。在我的建议之下，朋友按照我的方法去做，孩子欣然将玩具给了我的女儿。

孩子的自我意识就像是一个点，父母的教导就像是一根线，当线穿越过点，教导才能发挥作用。当线与点平行，那么怎么也发挥不了作用。

孩子的教养不是在父母的压迫、强制下产生的，它源于父母的理解和尊重。懂得理解和尊重孩子自我意识的发展，才能走进孩子的心里。

03/ 忽视孩子优点的父母
该好好接受“培训”了

我身边绝大多数的父母，都很关注孩子的教育问题。他们迫切地希望将孩子培育成一个有德有才的人。但是，当他们对孩子的期望越高，就越发失望。所以，在和其他家长谈论孩子的时候，他们总是不自觉地数落孩子身上的缺点。

与此同时，这类父母还面临着一个巨大的难题，就是觉得自己的孩子特别难教，不是自己的教导对孩子效果甚微，就是孩子压根不听自己的教导。事实上，并不是孩子难教，而是你根本没有弄懂孩子。

我们反思一下，你在和别人谈论孩子的时候，是数落孩子身上的缺点多？还是夸奖孩子身上的优点多？如果是数落孩子的缺点居多，那么就需要好好接受一下“培训”了。

我先来说一说，为什么父母总是忽视孩子身上的优点呢？

这里主要有两个原因，一个是父母对孩子的期望过高，一个是父母爱将自己的孩子和其他孩子做比较。

为人父母，对孩子有期望是人之常理，包括将孩子培育成一个有教养的人，这本身也是一种期望。但是，水满则溢，月满则亏，任何事物都需要把握尺度，当父母对孩子的期望超过了尺度，就算孩子做得再好，父母也会觉得不尽人意。同时，将孩子与其他孩子做比较时，如果孩子没有比得过别的孩子，那么原本看来算是优点的一面，也会沦为父母眼中的缺点。一旦父母认为孩子身上缺点重重后，注意力只会越发投注在孩子的缺点上，再也无暇去发现孩子身上的优点。

世界上没有两片完全相同的叶子，但每一片叶子都有其独特的纹路、形状，形成其独特的美感。孩子同叶子一样，他们的身上有缺点，但也有优点。如果只将目光放在孩子的缺点上，忽视了孩子的优点，那么会给孩子带来诸多的伤害。

因此，我接下来要说的是，父母总是忽视孩子身上的优点，会给孩子带来哪些不利的影响呢？

很多父母在说孩子的缺点时，习惯用优秀的人来衬托出孩子的缺点。其实，父母在将孩子与其他孩子做比较的同时，孩子也将自己与其他孩子做比较，当孩子发现自己比别人差很多时，内心会感到自卑。尤其是父母当众数落孩子身上的缺点，更容易打击孩子的自尊心，更容易令孩子陷入自卑，陷入自闭。

父母总在孩子面前数落他身上的缺点的行为，就像是给孩子洗脑一般。久而久之，孩子真的会觉得自己一无是处。那么他再做某一件事情，就会没有信心，会认为自己怎么都做不好。

更为严重的是，长久忽视孩子身上的缺点，还会令孩子变得叛逆。因为，父母将注意力放在孩子的缺点上时，会不厌其烦地让孩子改正，督促孩子进步，当父母说得太过频繁，督促得太过严厉，孩子就会心生叛逆，想要逃离这个让他喘不过气的环境。

可见，忽视孩子身上的优点，不仅会觉得孩子难教，还会对孩子的身心发展造成伤害。作为父母，你觉得自己的孩子难不难教？如果难教，不妨先检讨一下自己是否也总是将目光放在孩子的缺点上呢?

如果是，那么就要调整自己，试着将目光放在孩子的优点上。以孩子的优点为基点，并根据这个基点去教育孩子，会发现教育效果事半功倍。

在我看来，字是一个人的明信片，从字迹中能够得到写字人的很多信息，比如性格如何、修养如何，等等。所以，我在女儿还很小的时候就督促她练字。对年岁不大的孩子来说，练字是一件很枯燥的事，他们鲜少会坐得住。我的孩子坐下来没10分钟，也表现出了不耐烦。那么，如何让孩子继续练习下去呢?

很多父母会以孩子的不好看的字为基点，在教育孩子时，会用“字不好看必须要练习”这样简单粗暴的方式去教育孩子。这样的教育方式确实能让孩子继续坐下来练习，但孩子的内心是不情愿的，会表现的心浮气躁，而他们的字也会越练越差。

如果以孩子的优点为基点去教育孩子，那就会有不一样的效果。就像我的女儿，她很喜欢绘画，每一次都能耐心画上两个小时。我以孩子的这个优点为基点去教育孩子，我对孩子说，她能在画板前耐心地坐几个小时，在写字台前练一个小时的字，肯定能做到。我的女儿听到夸奖中又带有鼓励的话后，立马动力十足地练起字来。

如果说，缺点是阴霾冷涩，那么优点就是春暖花开。试着挖掘孩子身上的优点，你会感到温暖，孩子也会感到温暖。以孩子身上的优点为基点去教育孩子，你的教育方法有效果，孩子也乐于听教。

04/ 孩子“不听教”，可能是习惯性防卫

有教养的孩子，都是先教后养的结果。但是，在教育孩子的过程中，不少家长会遇到孩子不听教的情况，甚至有些孩子还会反驳父母。孩子不听教，又如何能成为一个有教养的人呢！

那么，我们的孩子为什么不听教呢？

可能是孩子接收的信息过多。每个人都有先入为主的习惯，孩子也一样，当他们接触到一个新的信息后，会将其牢牢锁在自己的脑海之中。当父母传输给他的信息与他接收到的信息不符时，就会出现不听教，并且会用自己的方式去求证。

比如我的女儿，她第一次看到彩虹是在某个动画片之中，当时动画片中的彩虹只有五种颜色，我的女儿便将这个

信息刻录在脑海之中。后来，她去学习绘画，老师教她画七色彩虹时她迟迟不动笔，她认为彩虹只有五种颜色。哪怕我和老师再三告诉她彩虹有七种颜色、分别是什么颜色时，她也不听。最后，她亲眼看到天空中架起的彩虹，她才相信彩虹是七色的。

孩子不听教，也可能是过于自信。在与孩子相处时，父母免不了对孩子说一些增强自信心的话语。但是，一旦孩子的自信心过头，就成了自负。自负之下，又怎么会听进父母的说辞呢！

自负的孩子不愿意接受自己的失败，也不愿去接受父母的批评。所以，每每听到父母带有批评、纠正性的说教时，就会像一只竖起浑身尖刺的小刺猬。

当然，孩子不听教还有一个最大的原因，那就是他在习惯性防卫。什么是习惯性防卫呢？它是人的一种本能，是指为了不让自己受窘迫或威胁，本能地反驳、不听从他人的话。简单点说，习惯性防卫的孩子他们并不在乎自己是对是错，而是在乎自己错了之后需要承受批评，在乎丢了面子。在这种心理的影响之下，就会不听他人的说教，并固执地认为自己是对的。

一旦孩子陷入习惯性防卫中无法自拔，那么会给他带来很多不利的影响。

首先，会令孩子的思想狭隘。

井底的青蛙认为，天只有井口那么大，哪怕别人告诉它，跳出井能够看到更广阔的天空，它也不相信。习惯性防卫会令孩子变得如井底之蛙一样，会令孩子不愿意接受他人的想法，令孩子将自己禁锢在自己的思想之中。狭隘的思想，会令孩子目光短浅，未来一眼能看到头。

其次，会令孩子封闭自己。习惯性防卫会令孩子听不进别人的话，会使孩子用拒绝与别人交流的方式去保护自己。这个时候，孩子就像是一只蜷缩的小刺猬，在保护自己的同时，尖刺也赶走了别人。渐渐地，孩子会封闭自己，变得很孤僻。

想要攻下一城，要先破开城门。想要让孩子听教，就要先破开他的防卫盔甲。面对拥有习惯性防卫的孩子，一面要顺着孩子的思维去教导孩子，一面要帮助孩子改变习惯性防卫。

那么，如何顺着孩子的思维去教导孩子呢？我以我的孩子为例。

有一次，我的女儿和她的小伙伴玩搭积木的游戏，她搭得又快又好，她的小伙伴见了，不禁着急起来，便将我女儿搭起来的积木推倒了。我的女儿非常生气，伸手便将她的小伙伴推倒在地。于是，跌倒的孩子哭了起来，将家长引了过去。

我的女儿见我过来，她倔强地像个复读机一般，重复着“是他先推倒我的积木的”这句话，我从她的脸上读出了她推人后的愧疚，但没有看到她知错的表情。很显然，我的女儿在习惯性防卫，她不想听到我的那些批评、训斥她的话。于是，我便顺着她的思维，引导她听从我的教导和承认自己的错误。

我没有立马指出她的错误，而是先认同她“她不是先犯错的”这个观点，等她的情绪平复下来后，我再指出她也有错误的地方。这个过程，令孩子对我和我的话语卸下了防备，继而听了进去，在意识到自己也有错误后，向她的小伙伴道了歉。

孩子是羊群里的一只羊，父母的教导就像是只狼，狼想要靠近羊，要先伪装成羊的模样。在孩子表现出习惯性防卫时，父母要懂得将自己的教导往孩子的想法上靠拢，当孩子允许你的教导进入她的思想之中，教导才能发挥出作用。

在帮助孩子摆脱习惯性防卫上，父母要尝试着和孩子平等交流，当孩子感受到父母对他的尊重后，才会卸下心防，听父母去说。当然，平时与孩子相处时，就要表现出对孩子的尊重，因为，如果等到说教时再去尊重孩子，只会让孩子感觉不到真诚，如此又怎么会听教呢！

同时，也要教导孩子学会“自我心理暗示接纳”法。当孩子自我暗示自己可以听从，可以接受，次数说了，就会做到。

当然，父母也要引导孩子去自我反思，只有先发现自己有习惯性防御这个习惯，才能有意识地去改掉。

05/ 对孩子的禁止其实是一种变相“引诱”

随着孩子的成长，其自我意识就会觉醒。我在前文有阐述，自我意识是指个体对自身机体和状态的意识，是对自我肢体活动状态的意识，也是对自我思想、情感和意志等心理活动的意识。

在自我意识的操控之下，孩子总是会做一些危险的、有违常理的缺乏教养的事。所以，很多父母出于对孩子安全问题的关心，也出于想对孩子少操点心，就会禁止孩子做这个，禁止孩子做那个。但是，很多时候，父母的禁止并没有用，反而让孩子更迫切地去做。如此看来，父母的禁止倒成了一种对孩子的诱惑，成了孩子修炼教养路上的拦路石。

为什么禁止孩子去做某件事，孩子偏要去做呢？“禁止”又是如何引诱孩子的呢？

在《圣经》中，上帝曾告诉亚当和夏娃，不要吃伊甸园中的禁果。在蛇的诱惑之下，亚当和夏娃将上帝的警告抛却脑后，偷吃了禁果。亚当和夏娃会轻易受到蛇的诱惑，是因为他们本身就对禁果有好奇心，而蛇的诱惑只不过是令他们的好奇心爆发而已。父母对孩子的禁止，也能够激发出孩子的好奇心，“禁止”就像是伊甸园中的蛇，能够一点点的诱惑孩子去做不能做的事。

“禁止”容易激起孩子的反抗心理，让孩子控制不住地去做禁止的事。其实，不只是孩子，成年人在听到他人“不许做这个，不许做那个”这样的话语后，内心也会燃起反抗的心理，越是不让做，越是要去做。只不过，比起孩子，成年人的自我控制力较强。但孩子不一样，当他的反抗心理燃起后，将很难去熄灭，继而控制不住自己的言行。

此外，当父母禁止孩子去做的事情正中孩子的喜好，孩子也会控制不住地去做。比如一块小蛋糕，孩子特别想吃，父母的禁止能够让孩子在短时间不吃蛋糕，但是时间一长，孩子就会将父母的禁止忘却。

可见，“禁止”能够创造冲破限制的力量，所以很多时候并不是孩子“难搞”，而是父母没有弄懂“禁止”对孩子产生的诱惑力有多大。既然“禁止”对孩子来说是一种诱惑，那是不是说以后就不能再对孩子执行“禁止”式教育了？

当然不是。任何事物都是有两面性的，“禁止”式教育也一样，只要运用恰当，也能帮助孩子提升修养。就像我之前说的，禁止能够激发孩子的好奇心。在孩子的成长过程中，好奇心是非常重要的，只要用得好，它会使孩子越来越好。

我在女儿很小的时候，就有给她读故事的习惯。这个习惯使得她对故事书很感兴趣。在她还不认识拼音和汉字的时候，我很乐意读故事给她听，但当她已经认识拼音和部分汉字后，我就希望她自己看故事书，并养成这样一个习惯。

当我向女儿提出自己独立阅读时，她表现得很不情愿，翻了两页就不想看了。我没有强制性地要求孩子坐在书桌前阅读，而是使用“禁止”式教育，诱使孩子自己主动地投入到阅读当中。

我先跟孩子说“不要看”这样带有禁止含义的话语。之后，又不经意地告诉孩子故事书中讲了一个怎样的故事，并说了其中几个精彩的片段。孩子在我的禁止话语的刺激和她的好奇心的驱使之下，主动地翻开了故事书。可见，“禁止”式教育使用得好，也能够产生好的一面。

对于生活中那些会对孩子带来伤害的事或有违常理的事，父母也可以去禁止。但是禁止不是单单地跟孩子说“这个不能，那个不许”，这样的制止是简单粗暴的，并不能起到好的教育效果。应该要跟孩子说明“禁止”去做的原因是什么，做了之后带来的后果是什么。当孩子知道了结果，明白了其中的利害，就不会去做。

我打一个比方，父母禁止孩子高空抛物，如果只让孩子不要去做，不说明其中原因和后果，孩子受到好奇心的驱使，会去探索高空抛物后的结果。倘若告诉孩子高控抛物是一种缺乏教养的、带有破坏性的行为，并详细说明造成的伤害有哪些，孩子就会有所顾忌。

教导孩子并不是盲目地去教，就像是射击，不对着靶子永远都正中不了红星。教导孩子需要先读懂孩子，这样才能使孩子听教，使孩子成为一个有教养的人。

06/ 明确“最近发展区”，营造可教学时刻

培养一个有教养的孩子是一条漫长的路，极其考验家长的耐心。因为在教导孩子的过程中，父母会就同一件事教导

孩子很多遍。当孩子依然做不好、做不到时，父母的耐心将会告罄，并会觉得孩子难教。

事实上，并不是孩子难教，而是你没有明确孩子的“最近发展区”，没有营造可教学时刻。那么，什么是“最近发展区”？

“最近发展区”是苏联心理学家维果茨基提出的儿童教育发展观。他认为，儿童的发展呈现两种水平：一种是现有水平，是指能够独立解决问题的水平；一种是可发展水平，是指通过学习所获得的潜能去解决问题，简而言之，就是孩子还不能独立解决问题，需要通过他人的帮助或模仿去解决。这两种水平之间的过渡阶段，就是最近发展区。

维果茨基认为，教育能够对孩子的发展起到主导和促进的作用，也就是说，孩子的教养很大程度决定于后天所经历的教育。但是，他也指出，对孩子的教育要着眼于孩子的最近发展区。因为，最近发展区比孩子的现有水平更为重要，它能够帮助孩子变得更为优秀。

我打一个比方，你就会明白为什么最近发展区比孩子的现有水平重要。比如，孩子在学习音乐上很有天赋，能够将每一首曲子都弹得很出色。在碰到问题的时候，也能够独立去解决。那么，这个就是孩子的现有水平。孩子在学习舞蹈上进度缓慢，且动作总是做不好，需要老师手把手去教才能做好，这个就是可发展水平。

例子中的舞蹈，对孩子来说是有难度的，而这就是最近发展区。这个过程，可以使孩子的潜能得到开发。当孩子掌握了一项自己并不擅长的技能，或是做好一件自己并不擅长的事，那么无疑会令他们变得更优秀。

对孩子来说，他最宝贵的财富不是在于他掌握了多少，而是在于他不停地学习。作为父母，应该要调整自己的思想，不要将目光停留在孩子的昨天，应该要看重他的明天，去明确孩子的“最近发展区”。

如何明确孩子的“最近发展区”呢？父母需要留意孩子，找到他们不擅长的、对他们有高难度挑战的东西。与此同时，在教导孩子的时候，还要懂得营造可教学时刻。所谓“可教学时刻”，是指要创造孩子愿意投入到学习中的时刻。

每个人都会有这样的感受，当对某件事很感兴趣时，会主动投入，并且能快速地做好。同样的，为孩子创造可教学时刻，既能让孩子快速地投入到学习之中，又能提高孩子的学习效率。所以，不要再抱怨孩子“难搞”，只要给孩子创造可教学时刻，就能轻松搞定孩子。

我的女儿小时候很缺乏耐心，不管是看书，还是写字画画，都坐不到几分钟。哪怕人在房间里，但心早就跑到屋子外去了。所以，缺乏耐心是我的女儿的最近发展区。为了培养她的耐心，我为她创造了可教学时刻。

我的女儿很喜欢小饰品，比如发夹、项链、手链等。每天，她都会在自己的饰品盒里挑选出小饰品，佩戴在自己的身上。我见她对小饰品很感兴趣，就买来了很多DIY小饰品的原材料。

我会陪着她设计小饰品的样式，会鼓励她自己去动手制作。就比如一条小项链，她往往需要用一两个小时才能将珠子串好。这个过程，孩子没有表现出一点不耐烦。正因为这是孩子的可教学时刻，才令她的耐心得以培养。

一颗深埋在地下的大石头，想要将其抱出来是困难的，如果在石头下放一根木棍，通过杠杆原理，能够轻松地将石头撬出来。教育孩子也是有方法和技巧的，不能横冲直撞去教育。明确孩子的“最近发展区”，创造“可教学时刻”，能够帮助孩子轻松蜕变为美丽的蝴蝶，成为一个有教养的人。

第三章
情绪的“核裂变”，将不可控变为可控

“核裂变”是一种化学反应，释放出来的能量是毁灭性的。情绪也如“核裂变”一样，一旦爆发，也会造成严重的影响。在教养孩子的时候，不管是自己的情绪，还是孩子的情绪，都要把不可控转变为可控。

亲子关系中的情绪是一场“蝴蝶效应”

有教养的孩子，是乐观开朗、积极向上的。但是，很多时候，孩子并没有像家长期望的那样，成长为一个明媚的小太阳。

在生活中，有些孩子性格内向，从不主动与人问好；有的孩子性格暴躁，会莫名其妙大吼大叫；有的孩子性格要强，从不懂得谦逊礼让；等等。可见，孩子的教养很多时候是与孩子的性格息息相关的。而孩子的性格，很多时候是受到了情绪的影响。所以，教养与情绪之间也有着很大的关系。

简而言之，当孩子的情绪是平和的，那么其言行是有教养的；当孩子的情绪是暴躁的，那么孩子表现出来的言行，会显得很没有教养。所以，家长如果希望孩子成为一个有教养的人，就需要对其情绪进行教养。

那么，什么因素能够造成孩子情绪上激烈地变化呢？父母情绪和言行是引起孩子情绪变化的主因。而这正是我要说的教养的另一本源：亲子关系中的情绪是一场“蝴蝶效应”。

“蝴蝶效应”是一种自然现象，是指在动力系统中，一个微小的变化能够带来巨大的连锁反应。简单点说，就是一只远在天涯海角的蝴蝶，它轻轻煽动几下翅膀，就能给远在千里之外的人们带来一场龙卷风。

图3-1 父母的态度直接影响孩子情绪的变化

在亲子关系中，当父母在孩子面前大发雷霆时，孩子的情绪会低落；当父母冤枉孩子时，孩子的情绪会愤怒。而这些情绪，又直接影响孩子的教养。

因此，在教养孩子的过程中，父母既要关注自己情绪上的变化，也要关注孩子情绪上的变化。当孩子不受负面情绪的干扰时，他才能成长为一个有教养的人。

01/ 允许孩子哭比哄孩子笑更重要

我曾经问过身边的很多家长，他们是如何看待孩子哭这个行为的。这些家长允许孩子哭，但是前提是不能在公共场合哭。因为他们认为，在公共场合大声哭泣是一种很不礼貌的行为，是欠缺教养的。

当我问这些家长是如何处理孩子在公共场合下哭泣的行为时，他们给出了不同的做法。有些父母会耐心而温柔地哄孩子；有些父母会鼓励孩子坚强勇敢；有些则会用转移孩子注意力的方式来让孩子忘却哭泣……这些方法是温和的，不会对孩子的心灵造成二次伤害。

但有些父母的处理方式，却会伤害到孩子的心灵。这些父母会对孩子的哭泣表露出厌恶、反感；会命令式地要求孩子不要哭；会对孩子哭泣的行为表示否定、埋怨；会斥责、批评孩子的哭泣行为，甚至会恐吓、威胁孩子不要再哭泣。

人会哭，是因为伤心了，而哭是一种宣泄内心负面情绪的方式。哭过之后，情绪才会回归为平衡。但是，父母制止孩子去哭，则会让孩子内心的负面情绪无法宣泄出来，情绪会一直处于失衡状态之中。与此同时，父母的一些制止孩子哭泣的行为，也会打击到孩子的心灵，从一定程度上来说，使得他们的情绪更为消极。

诚然，在公共场合下哭泣，确实是一件有失教养的事。但是，不让孩子宣泄出负面的情绪，当情绪暴发时，他们可能会做出更多有失教养的事。所以，允许孩子哭有时候比哄孩子笑更为重要。

从更深的层次去探究父母不让孩子哭的心理，一方面是觉得哭的行为欠缺教养，更大的一方面是，父母的内心感到了焦虑。

情绪能够互相感染，父母的情绪能够感染孩子，而孩子的情绪也能感染到父母。父母在看到孩子哭泣时，会产生同类的负面情绪，这类情绪会让父母产生焦虑感，会给孩子带来哪些不好的影响。当焦虑感越重，父母的情绪就会失控，继而会带着负面的情绪教导孩子。

我的女儿小的时候是个很爱哭的孩子，她的哭曾让我无比的焦虑，也使得我对她的教育方式带有负面的情绪。

在我的女儿3岁半的时候，有一次我带她去了游乐场。她看到游乐场中的充气城堡后，跟我说她很想玩，我也答应了她的请求。但是，令我没想到的是，她上去没有玩到1分钟，就大声哭了起来。我把孩子叫到身边，问她怎么了，她说有一个小哥哥撞到了她。我安慰她小哥哥不是故意的，且充气城堡是软的，跌倒在地上一点也不疼。这才哄住了她的哭泣。

这之后，我的女儿每被人碰一次，就会大哭一次。我见她哭得很伤心，我的心里也很难受。但是，很快我的难受就被一股焦虑的情绪所取代。

我焦虑的是，女儿是不是太过娇气了？以后遇到困难和挫折，是不是会被轻易打倒？我焦虑她不懂得包容，不懂得忍耐，而这样的性格很难融入社会。焦虑的情绪使我对她的教育带有负面的情绪，我用厌恶和反感的情绪来制止她哭泣。

从心理学上来说，我会用负面的情绪去教导孩子，其实是我为了缓解自己内心焦虑的一种方式，是我不愿意面对自己的焦虑而做出的一种保护自我的方式。但是，我的带有负面情绪的教育方式，会给孩子的心灵造成伤害。

成年人伤心了，会用哭来宣泄，何况是还不懂得控制情绪的孩子呢！哭就像是一阵风，它能吹开人心头的阴霾。哭过之后，又是一片艳阳天。反倒是制止孩子去哭，给他们带来很多的危害。

从性格上来说，制止孩子哭泣，会让孩子的内心失去安全感，变得封闭，久而久之，性格就会内向、孤僻；从行为上来说，当情绪积压到一个顶峰时，孩子会选择用父母不可预测的具有破坏性的方式爆发出来。这样的局面，是每一位父母都不愿看到的。

人会哭泣，必然是有原因的，孩子会哭，也有原因。不管是在家，还是在公共场合中，父母在看到孩子哭泣时，不是该想着怎么让孩子停止哭泣，而是要让孩子用哭的方式宣泄一番内心的负面情绪。同时，父母也要控制自己的情绪，让自己保持冷静。最后，要思考孩子哭泣的原因是什么，并聆听他们的话语。

哭是孩子释放出来的一个信号，指引着父母走到他们的心里。当了解到孩子哭泣的原因后，再采用对的教育方式，会发现自己对孩子的教育能够达到事半功倍的效果。

此外，如果不想孩子不分场合地哭，就要平时教导孩子学习情绪管理的方法。当孩子懂得驾驭情绪了，才不会有失教养地去哭。

02/ 教导孩子就应该就事论事

有教养的孩子都有一颗七窍玲珑心，他们知道体贴他人，明白什么事能做什么事不能做。所以，有教养的孩子都是懂事的孩子。

孩子的懂事并不是与生俱来的，他是在成长中渐渐学习出来的。这意味着，孩子在成长过程中会犯下很多的错，会做出许多令人感到匪夷所思、有违常理的事。父母在看到孩子做错事时，必然会指出来，并希望孩子都能够改正。

然而，很多时候，孩子会将父母的说教当成耳旁风，甚至会对父母的说教生出负面的情绪，比如会令孩子变得伤心、愤怒。那么，父母的说教为什么会给孩子带来负面情绪?

首先，父母教育孩子的话语中如果带有伤害孩子心灵的词，那么就会给孩子带来负面情绪。比如，“你怎么这么笨”“你没有脑子吗”等等，这类话语都是不尊重孩子的，会令孩子沮丧，情绪低落。

其次，父母教导孩子时，不从事儿说起。很多父母在看到孩子犯错或是做出不好的事情时，都会长篇大论地去教导孩子。父母的教导往往会超出孩子做错事的范畴，延伸到其他事情上。孩子听得久了，心里会很不耐烦，情绪会逐渐变得愤怒。尤其是在听到父母的欲加之罪，委屈之下就更为愤怒了。一旦孩子控制不住自己愤怒的情绪，将会作出更多的带有反抗、破坏等性质的事。

曾经有一次，在我的女儿犯错时，我没有就事论事去教育她。我将她的错扩大了，延伸到了其他事情上，孩子气愤之下，就用她带有破坏性的行为向我表达她的不满。

我清楚地记得，那时我的女儿只有4岁多。她有天早上跟我说，她晚上想吃海鲜，我答应了她的要求。可是，等我晚上下班去菜市场时，已经没有了新鲜的海鲜。吃饭的时候，女儿见桌子上没有她心心念念的海鲜，便不高兴地将筷子重重地“啪”的一声扔在了桌子上。

这样的行为无疑是缺乏教养的，我指出了她的行为的问题之处，同时也上升了问题的高度。我跟她说，她现在会扔筷子，以后碰到菜不合胃口，就会把菜倒掉。孩子听后，非常生气，她将碗重重地扔在了桌子上，跑回了自己房间。

在我看来，我说这番话仅仅是为了让孩子更深刻地认识到自己扔东西的行为是错的，但在孩子看来，我对问题是扩大化是对她的欲加之罪，令她感到委屈和愤怒。

教育孩子，应该要在孩子情绪平和的情况下去教育，这样孩子才能听得进入，倘若在孩子情绪高涨的情况下去教育孩子，那显然是行不通的。

另外，在教育孩子的时候，需要顾及孩子的情绪，既不能说一些带有伤害孩子心灵的话语，也不能扩大范围去教导孩子，而是应该要就事论事地教导。就事论事才能让孩子清楚地认识到自己的问题所在，成为一个懂事而有修养的人。

家长如何从“事”说起呢？父母需要注意以下几点：

首先，不要跟孩子翻旧账。孩子在成长的过程中，会犯下很多的错误，这些错误有很多是性质相同的。这就使得，每当孩子犯下一个错误时，父母在教育孩子的时候，会不由自主地提起以前犯下的同类性质的错。

在父母看来，翻孩子的旧账是为了让孩子更深刻地认识到自己的错，但在孩子看来，父母翻旧账的行为是在揭他们的伤疤，是对他们的一种刺激。当孩子情绪处在绷紧的状态中，又怎么能听进父母的教诲呢！

孩子犯错了，言行存在问题了，父母有责任去教导，但是，一定要就事论事，不翻旧账，这样才能让自己的教导有效果。

其次，不要上升事情的高度。父母在看到孩子犯错时，会将错误扩大化，以此来给孩子敲响警钟。但是，这些扩大化的错误都是父母幻想出来的，是并没有发生的。所以，对孩子来说，父母上升事情的高度，是对他们的一种污蔑，会挑起他们负面的情绪。当孩子被负面情绪所笼罩时，任何教导都不会起作用。

最后，帮助孩子分析“事”，并引导他们去总结。就事论事，就是要围绕着事情去教导孩子。父母在论事时，需要帮助孩子分析他所做的事情错在哪儿，为什么会错，应该怎么去做。引导孩子进行总结，有利于孩子不会在同一个泥坑里摔倒两次。

03/ 焦虑不是成年人的专属名词

什么是焦虑？从心理学的角度来说，焦虑是个体对即将来临的、可能会有危险或威胁的情景产生的一种情绪状态。它是一种不愉快的复杂的情绪状态，由紧张、不安、忧虑、恐惧、烦恼等多种情绪交织而成。

比如我们担心自己会失业、担心自己会生病、担心自己会投资失败，甚至担心孩子未来一片黯淡，这些都是焦虑。所以，焦虑的核心是担心，是对未来没有把握的一种感受。

焦虑作为情绪的一种，它并不是成年人的专属名词，孩子也会有焦虑的情绪。焦虑作为情绪，它有传染人的魔力，当父母总是在孩子面前展现自己焦虑的一面，孩子也会莫名陷入焦虑之中。此外，在孩子成长的过程中，不同阶段也将会面临不同程度的焦虑。

比如当孩子做错了事，担心会受到父母的批评和指责时，就会感到焦虑；当孩子没有完成老师布置的作业，害怕受到老师惩罚时，也会产生焦虑感；当孩子和小伙伴闹矛盾了，担心友谊不在，也会感到焦虑；当孩子要在人前表现自己时，紧张感会使他们焦虑；等等。可以说，孩子成长过程中面对的每一个烦恼，都会令孩子产生焦虑感。

当孩子长期处在焦虑感中，会给他带来哪些危害呢?

从身体健康上来说，焦虑会使孩子失眠，因为孩子在夜深人静时会不由自主地想起令他感到焦虑的事，越是让自己不要想，就越发在脑海中挥之不去，长久以往，就会引发睡眠紊乱，患上睡眠障碍症。当孩子得不到充分的休息，不仅会影响生长发育，还会使精神不济；焦虑会使孩子的身体功能出现诸多障碍，比如出汗、呕吐、尿急尿频、心悸、头晕，等等；焦虑会使孩子的身体出现不适，比如呼吸困难、全身无力等。

从情绪上来说，焦虑会使孩子的情绪变幻多端、喜怒无常。焦虑本就是由多种情绪交织而成的，当焦虑感越重，越会受到情绪的操控，变得时而沮丧、时而气愤、时而伤心，这些变幻多端的情绪无形中也会影响孩子的行为。

情绪上的喜怒无常，会令孩子稍微遇到一点小事，情绪就会失控，不是会大发脾气，就是会做出一些过激的事情，而这些都是缺乏教养的表现。

父母想要将孩子培育成一个有教养的人，就要关注孩子情绪上的变化。当察觉到孩子处在焦虑的漩涡中时，一定要帮助孩子走出来。只有当孩子的身心是健康快乐的，他才能成长为一个阳光开朗且有教养的人。

家长如何帮助孩子控制焦虑呢？可以先来看看我是如何帮助我的女儿控制焦虑情绪的。

有一次，我的女儿和同学交换故事书看，她把故事书带回家后，在阅读的时候，不小心打倒了水杯，使得水全泼到了书本上。哪怕她及时擦干了书上的水渍，纸张干了之后，也皱巴巴的。

这件事，我的女儿并没有跟她的同学说明，所以她在家的几天，眉头都皱得紧紧的，家人跟她说话时，她也回答的心不在焉，甚至还表露出了不耐烦。很显然，女儿因为没有保管好同学的故事书而产生了焦虑感，她担心她将事情告诉了同学后会面临对方的责怪。

我在察觉到女儿的焦虑情绪后，就帮助她控制焦虑感，因为我深知焦虑感会给孩子带来诸多的危害。而我帮助女儿控制焦虑感的方法是正视焦虑。

我的女儿会焦虑，是因为她没有保管好同学的书，担心会受到同学的责怪。那么，克服焦虑的方法就是修复好书，并获得同学的原谅。所以，我带着女儿寻找让湿了水的纸张变平整的方法，最大程度去修复书。之后，我又鼓励女儿主动跟同学说明情况，承认错误。女儿得到了同学的谅解，她的焦虑感被控制住了。

如果你足够细心，会发现，我在帮助女儿克服焦虑时，用的是“控制”二字。这是因为，焦虑是无时无刻不在的，不管是成年人，还是孩子，只要对某些事物有欲望，那么就会有焦虑感，除非这个世界上的事物无欲无求，那才不会有焦虑。所以，焦虑感并不能被消除，只能去控制。

父母可以仔细观察孩子的言行，当孩子有焦虑的表现后，就要帮助孩子去控制焦虑。当然，在平时也要教孩子控制焦虑的方法。因为，父母不可能时刻都在孩子的身边，只有孩子自己掌握了控制焦虑的方法，他才不会成为焦虑的俘虏。控制焦虑的方法有很多，比如克制过度思考、放松和分散自我注意力、暴露疗法和系统脱敏疗法，等等。

对孩子的成长来说，焦虑并不可怕，可怕的是放纵焦虑的发展。为了不使焦虑操控孩子，父母一方面要控制自己的焦虑，一方面要帮助孩子控制焦虑。

04/ 大人都不想听的话，别对孩子说

每个人都会有这样的感受：在听到他人的批评时，内心

会很羞愧；在听到他人的贬低时，心里会很伤心；在听到他人的无理指责时，内心又会感到委屈和愤怒。不管是批评、贬低，还是无理指责，这些都是我们不想听的话。

有一句俗语：“良言一句三冬暖，恶语伤人六月寒。”意思是说，一句好听的话，即使处在寒冷的冬天，听到后也会感觉温暖；一句伤人的话，即使处在炙热的六月，听到后也会感到寒冷。可见，言语是存在杀伤力的。

成年人的心理承受能力，要远比孩子强，成年人都不想听的话，孩子就更不想听了。因为，这些话语也能够影响孩子的情绪，让孩子陷入负面情绪当中。尤其是孩子不想听的话，是从最亲近的父母嘴里出来的时，给他们带来的伤害更大，而这对孩子的成长是极为不利的。

那么，孩子不愿意听到的话有哪些？这些话语又能够给孩子造成什么伤害？

首先，能够伤害到自尊心的话，孩子们不愿意听。孩子因为小，各方面能力都有所欠缺，如果在孩子做不好的情况下，就说孩子蠢笨，或是拿孩子与优秀的孩子比较，并将孩子贬低的一无是处，那么无疑会伤害到孩子的自尊心，这些话语是孩子不愿意听到的。这些能够伤害孩子自尊心的话语，会令孩子产生自卑的心理，继而陷入自暴自弃当中。

其次，能够让孩子产生恐惧感的话，他们也不想听。在生活中，很多孩子都很调皮，难以管教，为了让孩子听话，父母就会说一些带有威胁性的话语，比如，“你再这样，妈妈就不要你了”“下次再犯，我会狠狠揍你一顿”。这些话语带有威胁性，能够令孩子产生恐惧感，所以这类话也是孩子不想听到的。

令孩子感到恐惧的话，对孩子的心理健康发展很不利，会让孩子缺乏安全感。长久以往，孩子会变得胆小懦弱、自闭孤僻，甚至还会产生极端地想法去逃避恐惧感。

最后，孩子也不愿意听令他们感到内疚的话。人在听到感到内疚的话语时，心里会自责，而自责其实是一种压力，当压力越来越重时，心灵就会崩溃，继而做出很多极端的事。孩子在听到父母的“我是为了你好”“我为你付出了很多”这类话时，他的内心感受更多是自责、压抑。这种压抑也会使我们的孩子做出很多极端的事。

总而言之，所有大人不想听的话，孩子也不想听。哪怕有些话孩子听不太懂，但是，他们能够感受到父母的消极情绪。情绪是能够传染的人，孩子的情绪会受到父母情绪的感染，也会很低落。

有一年，我的妻子所在的企业效益不太好，需要裁员。这个消息对我和我的妻子是不愿意听到的。所以，在听到这个消息后，我们的情绪都很低落。那时，我的女儿只有3岁多一点，她看到妈妈脸上神情沉重后，就天真地问妈妈是不是不开心。我的妻子便跟女儿打趣，说她快要失业了，快要养不起她了。

彼时，孩子对“失业”“养她”这样的词并不太懂，但是，她在感受到父母的消极情绪后，她的情绪也低落起来。那几天，我明显地发现她脸上的笑容少了许多，话也少了很多。所以，大人不想听的话，如果说给孩子听，也会影响到孩子的情绪。

如果说，孩子是一棵小树苗，那么积极的情绪就是养分，能够令孩子长得高大，成为一个有教养的人；而消极的情绪就是腐蚀剂，即使孩子能表现得很礼貌、很规矩，但其内心是缺乏教养的。

因此，为了不让孩子受到负面情绪的困扰，那些大人都不想听的话，就别说给孩子听。对此，父母需要注意这样以下方面：

首先，注意自己的言辞。作为成年人，可以清楚地分辨出自己的言语能够对孩子的心灵造成哪些伤害，所以那些会使孩子心灵受伤的言语，不要再脱口而出。在平时，应该多对孩子说一些鼓励、肯定的话语，这些话语能够使孩子开心快乐，使他们的情绪保持积极向上。

其次，先换位思考，再同孩子说话。同一句话，站在不同的角度，就会有不同的感受。很多时候，一些话在父母看来没什么大不了，但在孩子看来，却极具杀伤力。所以，在和孩子交谈时，自己要对孩子说的话，可以先换位思考，站在孩子的角度体验一番，如果妥当，在同孩子说。

最后，在教导孩子的时候，可以先体会一番孩子的感受。教导孩子并不是盲目地去教导，如果不顾及孩子的感受就去教导，那么孩子的情绪会很糟糕，取得的效果也是事倍功半的。相反，在教导孩子前，能先体验一番孩子的感受，在顾及孩子情绪下教导孩子，孩子才能听进去教导，这样的教导是事半功倍的。

父母在教导孩子时，需要衡量孩子的心理承受能力，再决定哪些话能说，那些话不能说。让孩子在积极健康的语言环境中成长，他才能成为一个有教养的人。

05/ 在“轻、柔、慢”三个互动要诀上下功夫

一棵小树苗，它需要十年，甚至更久才能成材。孩子如同小树苗一样，他想要成为一个有教养的人，也需要时间的见证。有教养的孩子得益于父母良好的教导，所以，教育孩子是一件漫长而枯燥的事，正应了那句“十年树木，百年

树人”。

教育孩子极其考验父母的耐心，当孩子的言行耗尽父母的耐心后，父母会控制不住地朝孩子发脾气。那么，孩子的哪些言行会消耗父母的耐心，挑起父母的怒火呢？

比如孩子总是屡犯同一个错误；跟孩子说道理时，孩子总是心不在焉，给出的回应也很敷衍；让孩子做一件事时，总表现得拖拖拉拉，哪怕再三催促，也不积极；等等，孩子的这些言行，无疑是在挑战父母的耐心。

当父母的耐心一点点耗尽时，也逐渐被负面情绪所笼罩。当情绪抵达最高点，就会爆发出来，轻则会对孩子大发脾气，重则会对孩子使用武力。不可否认，父母大发脾气或对孩子动用武力，在当时能起作用。但是，它也给孩子带来诸多的副作用。

正如我先前所说，亲子关系中的情绪是一场“蝴蝶效应”，父母的情绪，能够影响到孩子的情绪。当父母长期对孩子大发脾气，孩子的情绪也会极不稳定，有时候很小的一件事，也会令孩子的情绪激烈，大发脾气。同时，负面的情绪也会影响孩子的性格形成，令孩子的性格变得阴鸷、孤僻。

父母对孩子发脾气，会影响亲子关系的发展。当父母对孩子大吼大叫，或是对孩子动用武力时，孩子的内心会产生恐惧感，这股恐惧感会令他们不敢靠近父母。渐渐地，亲子关系就会出现裂痕，产生距离感。

不管是负面的情绪，还是亲子关系的冷淡，都是不利于父母教养孩子，也不利于孩子成长为一个有教养的人。

教育孩子是一项细活，需要父母有耐心地去进行，这样孩子才会被雕琢成一件精美的玉器。在对待细活上，要做到“轻”“柔”“慢”。想要培育出一个有教养的孩子，父母也需要在“轻”“柔”“慢”三个要诀上下功夫。

图3-2 教育孩子的三要诀

那么，何为“轻、柔、慢”呢？我先来说说“轻”指什么。所谓的“轻”，是指表现出来的动作的轻，比如动作要轻，说话要轻，等等。

作为父母，不妨回想一下，当你撒气式的在孩子面前做一件事时，动作会非常重，会发出噼里啪啦的动静。这股动静对孩子来说就像是雷鸣，会令他们心里无比紧张，迫切地想要逃离；当你在生气时，会控制不住地对孩子说一些重话，这里的重话是指伤害孩子心灵的话，而这样的话，孩子一点也不想听。

可见，在生活中，父母的言行上表现的重，会使孩子陷入负面的情绪当中，不能使孩子健康快乐地成长。反倒是轻言轻语，能够使孩子情绪平和，更乐于听从父母的教导。

“柔”是指父母要向孩子展现自己的柔和。当我们信任一个人时，就会听从其建议。想要孩子听从父母的教导，也要使孩子打心底里信任父母、亲近父母。所以，父母需要向孩子表现出自己柔和的一面，拉近与孩子之间的距离。

怎么向孩子展现自己的柔和呢？父母可以关心孩子，向孩子传达爱意；可以信任孩子，支持孩子去尝试、探索新事物；孩子在说话时，要认真地聆听，并给予回应；要理解孩子的想法，并去接纳；等等。父母向孩子展现自己柔软的一面，孩子的内心也会变得柔软。这样父母在说教时，孩子才会听教。

“慢”是指父母的言行和心态要变慢。有教养的孩子，心态都是平和的，而平和的心态始于“慢”。慢生活、慢的言行，都利于培养孩子平和的心态。所以，父母要放慢自己的言行和心态，试着给孩子创造轻松自在的家庭氛围。

孩子的心灵并没有我们想象中的那么坚强，它需要父母的呵护。试着对孩子展开“轻”“柔”“慢”，你会有意想不到的收获。

06/ 解决方法必须比问题高一个层次——关于不抱怨

我身边有不少家长说自己的孩子总爱抱怨，并问我该怎么纠正孩子的这一坏习惯。事实上，孩子会染上爱抱怨的陋习，根源在父母身上。

孩子所处的环境，能够直接影响孩子的成长。简单点说，就是孩子处在什么样的环境，就会成长为什么样的人。如果孩子总爱抱怨，那么他身边最亲近的人必然也会有爱抱怨的习惯，而孩子最亲近的人便是父母。就像我身边的这些家长，他们向我诉说孩子爱抱怨的习惯，这本身就是一种抱怨的行为。

生活并不是一帆风顺的，成年人会面临无数的烦恼和困难，当心情极度压抑时，对外抱怨成为发泄的一种方式。因此，作为父母的你不妨反省一下，你是否总在孩子面前抱怨家庭经济的拮据；你是否总爱跟孩子抱怨自己的工作太累；你是否总跟孩子抱怨今天遇到了糟糕的人，碰到了糟糕的事？

抱怨其实是一种负面的情绪，而任何一种情绪都是有传染性的。当孩子感受到父母的抱怨后，他的情绪将会逐渐被同化，久而久之也变得爱抱怨。所以，在你为孩子爱抱怨的陋习而烦恼时，不妨检讨一下自己爱抱怨的坏习惯。

当然，父母爱抱怨爱诉苦，除了会令孩子爱抱怨外，还会给孩子带来更多的负面影响。从性格上来说，他们性格会敏感、自卑，他们善于察言观色，但总喜欢将人或事往不好的方向想；从言行上来说，他们说话做事缺乏胆量，懦弱退缩，总喜欢半途而废；从心态上来说，他们总喜欢悲观地去看待身边的人或事。

可见，在爱抱怨的家庭环境中长大的孩子，身上载满了负能量。有教养的孩子，都是给人一种积极向上的感觉，身上载满的是正能量。所以，让孩子在爱抱怨的环境中成长，不利于将孩子培育成一个有教养的人。

生活本就是零碎的，必然会遇到很多的问题。如果只抱怨，而不是想着如何去解决，那么问题始终都是问题，会一直困扰着我们。解决问题必须要比问题高一层次，而核心在于不抱怨。父母想让孩子成为一个不抱怨的人，就要先做到自己不在孩子面前抱怨。

我曾看过一部电影，名字叫《当幸福来敲门》。男主角克里斯·加德纳是一位父亲，他遇到了很多打击，但他仍在孩子面前展现自己乐观开朗的一面。因为，他希望自己的孩子能够健康快乐成长。

克里斯·加德纳是一名医疗器械的推销员，一场经济大萧条降临后，使得他的医疗器械怎么都卖不出去。克里斯的妻子忍受不了这样穷困潦倒的生活，她抛弃了自己的丈夫和年仅5岁大的儿子离开了。

克里斯还没有从妻子抛弃家庭的悲伤中走出来，他又遭遇到了厄运。他因为交不起房租，被房东赶了出去，在身无分文时，不得不带着儿子在地铁的厕所中过夜。后来，为了生活，他不得不换了一个行业。他在面试的时候因为学历不高，差点被淘汰，好在公司的几位合伙人给了他一个机会，让他先在公司里实习一段时间。在实习期间，克里斯不仅没有工资，而且还要做很多的工作。在工作期间，也遇到了很多的困难，更要面临被解聘的风险。

克里斯遭遇的每一件事，都是灰暗的。但是，他从来不在孩子面前抱怨生活的艰难，抱怨命运对他的不公。相反，他会教育孩子，每个人都会遇到挫折，只要坚持，就能够走过去。只要不放弃，总能看到光明。

父母的情绪能够左右孩子的情绪，当父母在孩子面前表现豁达，那么孩子也将会成为豁达的人；当父母在孩子面前表现爱抱怨的一面，孩子也会成长为一个爱抱怨、毫无担当的人。不去抱怨，是父母给孩子最好的榜样。

第四章 教养并非两级的较量，有弹性才有韧性

教养孩子的方法是灵活多变的，对孩子实施特定的某一种教育，会令孩子产生疲惫感、厌烦感，这也将导致教育方法产生的效果越来越小。教养孩子不是对孩子溺爱，也不是对孩子严苛，有弹性有韧性，才能教育出一个有教养的孩子。

“中国式爱孩子”怎么变成了“害孩子”

父母疼爱孩子，这是天性，也是责任和义务。但是很多时候，父母对孩子的爱，倒成了一味毒药。尤其是“中国式爱孩子”，被普遍认为是在“害孩子”。

什么是“中国式爱孩子”？中国式爱孩子分为两个极端，一个是极其宠溺孩子，一个是极其严厉的对待孩子。

生活中，父母溺爱孩子的表现有：当孩子跌倒了，父母会将孩子抱起来，并指责地面的不是；当孩子做错事情了，会立马为孩子开脱；当孩子遇到困难了，父母会一马当先帮孩子解决；等等。

父母严厉到苛责孩子的表现有：孩子犯了丁点大的错

误，会对孩子动用武力；在孩子遇到挫折，且陷入绝望之中，也不会对孩子伸出援助之手；对孩子有着近乎完美的要求，一旦孩子没有做到，就会大声训斥，给以严厉的惩罚，等等。这是有一种爱之深责之切的爱。

不管是对孩子的溺爱，还是对孩子极其严厉，这种两极化的教育方式，不仅不利于孩子的身心健康发展，也无法令孩子成长为一个有教养的人。

有教养的孩子是在有爱的家庭中成长的，是在父母的关爱下成长的。但是，父母对孩子的爱需要把握好尺度。一旦超越界限，就会成为伤害孩子的利器。同时，有教养的孩子源于父母的严厉教导，源于对孩子有所要求，因为有要求，孩子才会成长得更出色。但是严厉也有尺度可言，过于严厉，则会令孩子的心灵仿若泰山压顶。

教养孩子并非是两级的较量，需要有弹性，有韧性。松弛有度下，孩子才会成长出色。

01/ “虎妈”成功的真正原因是什么

在众多教养孩子的方法中，“虎妈式教育”被不少父母采纳，并获得了成功。什么是“虎妈式教育”呢?

在自然界中，小老虎出生后，通常都会跟着虎妈妈生活。虎妈妈除了要为小老虎猎食外，还要传授小老虎生存的技能。因为只有学会了生存技能，小老虎长大离开妈妈的身边后，才不会饿死，才能适应大自然。

虎妈妈在教授小老虎生存技能时，是极为严厉的，它会带小老虎体验恶劣的生活环境，会给小老虎创造狩猎的机会。在小老虎坚持不下去的时候，也不会心慈手软。而虎妈妈的严厉教导，使得小老虎能快速地适应大自然，并能很好地活下去。

所谓的“虎妈式教育”，其实是指妈妈严厉的教育孩子，就像虎妈妈那般严厉地教导自己的幼崽。

“虎妈式教育”是中国传统教育方式的延伸，因为中国传统教育就是严厉，并认为严厉之下才能出高徒，所以虎妈式教育的核心也是严厉。但与中国传统教育的呆板不同，虎妈式教育极具灵活性，且妈妈在严厉教导孩子的过程中，又向孩子展露出浓浓的爱。

在几年前，有一部电视剧，名为《虎妈猫爸》，这部电视剧展示了“虎妈”与“猫爸”是怎么教育孩子的。

在这部电视剧中，男主角是个“猫爸”。“猫爸”是指对孩子展开个性化、因材施教的教育方式的父亲的统称。电视剧中的猫爸非常宽容，善于和孩子沟通。但是因为太过温柔、宽容，使得孩子有时根本不听他的话。女主角是个典型的虎妈，她对孩子特别严厉。因为她坚信，孩子只有受到父母的教导和督促，才能够成功。虎妈为了让孩子接受更好的教育，她卖掉了房子去买学区房，在意识到自己的工作太忙而无暇教育孩子时，她又毅然辞掉了高薪工作。虽然虎妈对孩子很严厉，但是对孩子的生活充满了关心与关爱。

虎妈式教育适合用在服从性强的孩子的身上，这种教育方式能够激发出孩子的潜能，让孩子得到非常大的发展。对于叛逆性强的孩子，就不适用了，因为妈妈的严厉对叛逆性强的孩子来说，就像是一块巨石压在他的心头，孩子在喘不过气时，会越发叛逆。

虎妈式教育获得成功的真正原因是什么呢？

对孩子来说，他们在面对虎妈的教育时，会感到压力。而压力又是人前进的动力，有了动力，孩子才会进步和提高。比如，孩子的生活习惯很懒散，面对妈妈严厉的教导而感到心慌的同时，也会去做到。久而久之，孩子就会改掉懒散，变得勤奋。所以，虎妈严厉教育下的压力，是能够让孩子变优秀的。

虎妈式教育能够磨炼孩子的毅力。在孩子的成长过程中，他们会遇到无数的挫折，孩子能否克服，全看他们的毅力有多强，而孩子的毅力是在逆境中磨炼出来的。虎妈在孩子遇到挫折时，只会鼓励孩子勇敢面对、努力坚持，她们不会对孩子施以援手。孩子在挫折的磨炼下，毅力就产生了。

虎妈式教育能够提升孩子的耐心。孩子的耐心是一点点培养出来的，孩子在做某件事，并表现得很不耐烦时，虎妈会要求孩子继续坚持下去。孩子坚持的越久，耐心就会一点点提升上来。

当孩子能够承受住压力，能勇敢面对困难与挫折，并且拥有耐心，那么他将注定会有不凡的未来。

虎妈式教育的核心虽然是严厉，但是这种严厉并不是高压教育，不会给孩子带来不愉快的体验。所以，在对孩子实施“虎妈式教育”时，需要注意以下几点：

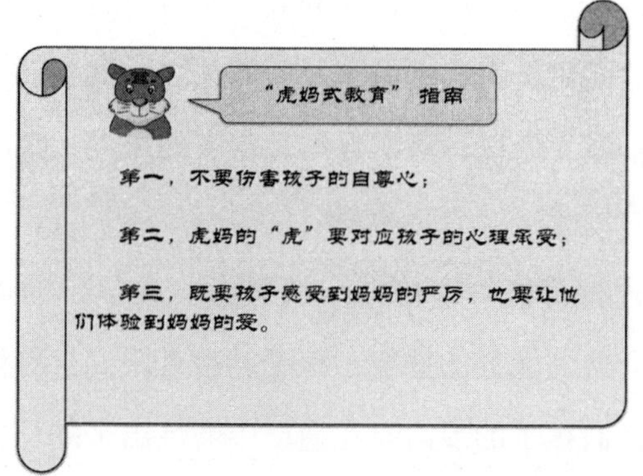

图4-1 "虎妈式教育"需要注意的问题

第一点：不要伤害孩子的自尊心。

虎妈教育孩子时，需要向孩子展示严厉。虎妈可以在孩子面前摆出严肃的表情，说话时的语气很严厉，但是绝不能让自己的言行伤害到孩子自尊心。因为，孩子自尊心受损后，性格会变得孤僻自闭，为人处世的方式也显得胆小懦弱。所以，虎妈教导孩子时，绝不能粗暴地对待孩子或辱骂孩子。

第二点：要充分考虑孩子的心理承受通力。

压力是双面的，适度的压力可以令人进步，但压力过度后，就会令人陷入焦虑。父母切不能对孩子"虎"过度，否则将不利于孩子的身心健康发展。因此，虎妈在教导孩子时，需要衡量孩子的心理承受能力，以此来把握对孩子

“虎”的程度。

第三点：让孩子感受到严厉之中也有关爱。

虎妈可以对孩子严厉，但是，也要意识到自己与孩子的关系。在教养孩子上，妈妈可以向孩子展露严厉的一面，但是为了孩子的身心能健康发展，也需要向孩子展露出自己对他关爱的一面。严厉和关爱，可以令孩子的心理处在一个平衡的状态。

任何一种教育方式都有可取之处，虎妈式教育用在合适的孩子身上，也能取得傲人的教育成果。不过，前提是要把握好分寸，做到有弹性有韧性。

02/ 要不要和孩子做朋友，是个让人纠结的问题

我的女儿被我教养得很好，所以我的身边会有很多朋友问我，我和孩子之间是以什么样的关系相处的？我总结了一下，我和孩子之间的关系经历了三个发展阶段。

第一个阶段在我初为人父母的几年，这个时期我和孩子

之间是朋友的关系。其实，早在孩子还没有到来前，我就畅想过自己和孩子之间的关系应该亲密的如同挚交好友那般，我很尊重孩子，孩子也很尊重我，我们可以平等相处，并能够互相听取对方的建议。

然而，想象是美好的，等真的为人父母后，我发现我很难以朋友的身份与孩子相处。因为朋友的关系，使得我在孩子面前缺乏威严，孩子不太听从我的教导。比如孩子做错事情了，我跟她说道理，她往往会听得心不在焉，并且同一个问题会屡次再犯。所以，我在深思熟虑后，改变了与孩子的相处方式。

接下来，我和孩子之间的关系，发展到了第二个阶段，我是严厉的妈妈、孩子就是孩子的亲子关系。我的严厉使得孩子愿意听从我的教导了，但是，我觉得我与孩子之间的相处氛围依然是不愉快的。因为，我与孩子之间不平等的关系使得孩子不愿意再对我说心里话，也不愿意再靠近我，所以，这个阶段我与孩子之间的亲子关系总有一种距离感。

父母要不要和孩子成为朋友呢？这是个很令人纠结的问题。从我的经历不难看出，和孩子成为朋友，有弊也有利。

先说弊端，首先，父母与孩子做朋友，会弱化父母对孩子的教导。朋友关系是建立在平等之上的，当父母选择与孩子成为朋友后，就意味着不能强制要求孩子去做一件事，不能干涉孩子的选择，不能侵犯孩子的隐私，不能训斥孩子，等等。当孩子在缺乏管束力的环境中成长，他会变得散漫，尤其是到了青春期时，会更加地叛逆。

其次，会让孩子目无尊长，有失教养。当孩子接受了与父母的朋友关系后，会不自觉地认为自己和其他长辈都应该也是平等的关系。既然是平等关系，那么就会想什么说什么，而这种行为在他人看来是没大没小、目无尊长的，是有失教养的。

当然，父母和孩子做朋友，也有可取之处。朋友关系会使父母与孩子之间的亲子关系变得亲密。当父母选择与孩子平等相处时，意味着放下了作为父母的威严。孩子感受不到来自父母的威严后，就会不自觉地卸下心防，与父母亲密无间地相处。因为对父母的信任，孩子愿意向父母敞开心扉。与此同时，在没有拘束的环境下成长，孩子的性格会变得开朗。

任何事物都存在两面性，父母与孩子做朋友也是。我为了让孩子既愿意听从我的教导，又愿意向我敞开心扉，我重新定位了我与孩子之间的关系，即既是朋友又是父母，而这也是我与孩子之间关系的第三个阶段。

没有人规定，在与孩子相处时，只能用一种身份与孩子相处。当一种身份达不到好的教育效果时，可以用多种身份与孩子相处，既当孩子的朋友，又当孩子的父母，只要做到松弛有度，会发现以这样的关系与孩子相处，会令孩子蜕变得更优秀。

有一次，我发现女儿做事心不在焉，有时候喊她好几遍，她才后知后觉地回应我。在我看来，她的言行与往日有很大的不同，很显然她的心里藏了事。我将女儿喊到身边后，以朋友的口吻耐心地询问她怎么了，并告诉她有什么问题我可以帮她一起解决。

我的语气透露着对她浓浓的关心，态度也很真诚，令她不自觉地卸下了心防。女儿告诉我，她妈妈前几天出差时，曾叮嘱她不要给她的多肉浇水，可她见多肉的泥土都干裂了，就给多肉浇了水。哪想到，她浇的水太多了，令多肉的根开始腐烂，叶子也相继掉落，她很害怕妈妈出差回来后会责怪她。

我听完她的话后，先是安抚她忐忑不安的心，等她的情绪稳定下来后，我用严肃的口吻教导起她。我教导她：人做错了事情没关系，但前提是要主动地承认自己的错误，并想办法去承担或弥补错误，而不是想方设法地掩盖自己的错误。

我严厉的话语令女儿很快意识到自己的错误，她将她的所作所通过电话告诉了妈妈，并承认了自己的错误。与此同时，在妈妈指示下，她对多肉进行了补救。

我们既要做孩子的朋友，又要做孩子的父母，那么在平时的时候，就要把控自己与孩子之间的关系。我是怎么做的呢？我在平时的时候，从不吝啬向孩子展现我对她的关爱，但是，我也从不放过向她展示我作为父母时威严的机会。

父母需要对孩子做到严慈并济，该严肃的时候要严肃，该慈爱的时候要慈爱。当孩子意识到父母很有原则性后，她才会又爱又敬，才会愿意向父母说出自己的心声，也愿意听从父母的教导。

03/ 孩子不断地试探，直到你清晰果断地说“不”

每个人都会有底线，而想要知道一个人的底线在哪儿，唯有不停地去试探，就好比买一件商品，你会与老板讨价还价，这个过程就夹杂着试探。

“试探”是一种手段，带有强烈的目的性。它并不单单被成年人运用，孩子也懂得运用。并且在孩子很小的时候，就已经将“试探”玩得炉火纯青。

在婴儿时期，孩子会用啼哭来满足自己的需求，这是孩子试探下的结果，因为当孩子发现用哭能达到吃饱的目的后，它会用哭去试探能否达成其他的需求。在孩子长大一点后，她会用自己的言行去试探。

比如我的女儿，她很喜欢吃糖果。我为了控制她摄入的糖量在标准范围内，会规定她每天可以吃几颗。女儿每一次吃完糖果后，都会意犹未尽。有一次，她吃完当天的糖果后，忽然试探性地问我能不能再吃一颗。她见我没有立马拒绝，对我又是撒娇，又是说软话，我便答应了她的请求。

但是，令我没想到的是，女儿在吃完糖果后又故技重演，问我能不能再吃一颗。对于她的请求，我选择了拒绝。不过，她并没有妥协，而是用其他方式来试探我，以求达到自己的目的。她试探性地问我，她可不可以通过劳动来赚取糖果。见我拒绝后，又试探性地问我可不可以预支明天的糖果。

这之后，女儿又试探了我好几次。尽管她每次得到的都是我的拒绝，但她非但没有气馁，反而越发地投入到试探当中，仿佛不达目的不罢休。

女儿会对我屡次试探，是因为我的拒绝还不够强硬，让她还心存期望。如果我无法扼杀掉她内心的期望，她会不停地对我试探。也由此可以看出，孩子天生就会“试探”这一技能，并且运用得十分熟练。

面对孩子的屡次试探时，父母如果不懂得说果断“不”，那么将会给孩子的成长带来很多负面影响。

当孩子意识到“试探”会满足其需求后，不管是面对自己的父母，还是他人，总会试探性地希望别人去帮忙。父母或他人每一次的妥协和答应，都会令孩子产生依赖感。渐渐的，她就会产生一种遇到什么事都依靠别人的想法。所以，父母不懂得对孩子的试探说“不”，就会令孩子产生严重的依赖感。

依赖感又会令孩子丧失自主能力。我们需要知道，每一种能力都是在实践中掌握、进步的，当孩子事事依赖别人，就会令孩子的各方面能力得不到训练。就好比是一只鸟儿，长时间不飞行，就会忘记怎么飞，时间再长点，翅膀就会退化，最终彻底失去飞行的能力。

此外，父母不懂得对孩子的试探说“不”，也会令孩子变得蛮不讲理。当孩子的每一次试探都能达成目的时，渐渐地，她会理所当然地认为父母的答应是应该的。一旦她的试探遭到了拒绝，就会胡搅蛮缠，无理取闹，以此达成目的。

更为重要的一点，父母不懂得果断拒绝孩子的试探，会令孩子的心理承受能力极度脆弱。因为，孩子每一次遇到困难或挫折时，都会试探性地让父母帮忙，而父母的妥协，会令孩子丧失品尝失败的机会，丧失承担责任感的机会。在这样一个温室一般的环境中成长，孩子是几乎没有什么心理承受能力可言的，稍微一点小挫折，就会将其打倒。

孩子为什么会屡次对父母试探呢？这是因为，孩子感受到了父母对她无私的爱，她的试探是建立在父母爱她的基础之上的。

著名的教育学家布鲁姆曾经说过："当一切条件具备，情感压榨是没有限度的。"孩子是聪明的，她会利用父母对孩子无私的爱来试探父母，所以"试探"也是对父母情感上的一种压榨行为。

那么，如何避免孩子对父母情感压榨呢？

首先要引导孩子做出情感回应。作为父母，对孩子的爱是纯粹的，不要求孩子有所回报，但是不要求孩子回报的爱，在孩子看来倒成了理所当然。所以，很多孩子会指使父母做这个，要求父母做那个，从不懂得去感恩。长此以往，孩子会变得冷漠而自私，这与教养的含义是背道而驰的。所以，父母在爱孩子的时候，一定要引导孩子做出情感回应。

比如父母在帮助孩子做一件事情后，需要引导孩子用言行来表达感谢。言语上，可以引导孩子真心实意地说一声

“谢谢”。行动上，可以给父母一个亲吻，或是帮助父母做一些力所能及的事。当孩子学会了感恩，那么她距离成为一个有教养的人就不远了。

其次，父母要有原则，懂得坚守自己的底线。孩子很聪敏，为了达成目的，她会向父母撒娇，会向父母打滚耍赖，如果父母没能坚守自己的原则与底线，对孩子妥协了，那么孩子就会故技重施，甚至会变本加厉以达目的。

父母可以爱孩子，但是一定要讲原则，讲底线。对此，可以给孩子建立规矩、设立禁区和框架。让孩子意识到，这些原则性的问题没有退让性。

有教养的孩子，其教养既不是源于父母的严苛，也不是源于父母的溺爱，而是在父母有弹力有韧性的教育方式下养成的。父母在教导孩子时，要把握自己对孩子的情感，做到情感关系的平衡，既让孩子感受到父母对她的爱，也要让她感受到父母的威信。

04/ 真正的爱，就是不给孩子“擦屁股”

人生就像是在大海中航行的孤舟，有时会风平浪静，有时会波涛汹涌。而这些汹涌的波涛就如同人生中遇到的各种问题，面对者只有我们自己。

如果我们拥有了丰富的人生经验，那么就能勇敢地面对各种问题，并且能够轻而易举地解决它们。反之，缺乏人生经验的话，就会被问题所困扰，那种心境犹如被汹涌的波涛击中，沉入深邃的海底。可见，人生经验是尤为重要的。

人生经验是怎么来的呢？它是人们在遇到生活中的各种难题时，勇敢面对并解决这些难题，通过总结后获得了经验，一点点积累而来。可以说，人生经验是生活赐予的最宝贵的财富。但是，很多父母却剥夺了孩子积累人生经验的机会，但凡孩子遇到一点困难和麻烦，就主动帮孩子去解决。

我的身边有很多家长都有帮孩子解决问题的习惯，通过沟通，我总结了一下父母这么做的原因主要有两个：首先，父母嫌弃孩子做不好，干脆帮孩子去做。孩子因为年龄小，处理问题的能力和速度有所欠缺，很多急性子或是追求完美的父母见孩子做得不好或是没有达到他的标准，便主动帮孩子去做；其次，父母对孩子过于溺爱，不愿意孩子为琐事烦恼，便会帮孩子去做。

对父母来说，孩子遇到的问题，争分夺秒间就能解决。但是对孩子来说，他失去的是人生中最宝贵的经验。孩子在小的时候，或许意识不到父母帮他解决问题的行为会给他带来负面影响。但是随着长大，步入社会后，他就会意识到小时候父母帮他解决问题的行为会令长大后的他前行之路走得异常艰难。

事实上，父母帮孩子解决问题，除了会令孩子丧失人生经验外，还会给他们带来其他不利影响。比如，会令孩子丧失多方面能力。孩子在解决问题的时候，会运用到自己的思维能力、动手能力，以及其他一些能力，这些能力通过实践才能够提升，而父母的大包大揽令他们失去了实践的机会，渐渐地，孩子的多方面能力就会退化，甚至是丧失。

父母帮助孩子解决问题，会令孩子的心理承受力脆弱得不堪一击。因为，人的心理承受能力是在一个个挫折和困难中磨炼出来的，父母帮孩子解决问题的行为，不仅会使孩子丧失磨炼意志力的机会，还会令孩子的心理承受能力越发脆弱。稍微一个困难，就会将孩子击倒，跌入到泥泞之中。

孩子是父母爱的结晶，是父母生命的延续，我们当然要爱孩子。但是真正的爱，不是将孩子揽在自己的羽翼之下，真正的爱是放任他们去自由飞翔。所以，真正爱孩子的话，就不要给孩子“擦屁股”，让孩子自己去解决遇到的问题。

有一次，我带女儿出去吃饭。她在用餐的时候，不小心将桌面上的玻璃制成的二维码支付牌弄倒。支付牌摔落在地上，碎成了两半。她赶忙将碎了的支付牌捡起来，神情特别慌乱地问我怎么办。我并没有着手帮她解决，而是先安抚她的情绪，让她冷静下来后自己想解决问题的办法。

女儿冷静下来后，观察起被她摔碎的支付牌。她告诉我，这个支付牌是特别定制的，她无法在商铺里买一个一模一样地赔给店家，她只能和店家协商赔多少钱。在我的鼓励之下，她勇敢地喊来了服务员，主动承认了自己的错误，并和对方协商自己需要赔多少钱。而她赔付的钱，来自她的零花钱。

对我来说，女儿的这次经历是微不足道的，我能够轻松解决。但是对我的孩子来说，是她人生中的一次历练。她在解决问题的过程中，能够学会担当，学会处理同类事情的方法。我很爱我的女儿，但是我向她表达爱的方式不是帮她去处理问题，而是鼓励她自己去解决。

父母爱孩子的方式有很多种，但绝不包括用给孩子“擦屁股”的方式来表达。所以，在孩子遇到问题时，父母要控制自我，让孩子自己去面对，在面对孩子的求助时，也要坚决对他们说“不”，鼓励他们自己去独立面对。

在日常生活中，父母可以传授孩子一些解决问题的经验。这样，孩子在面对问题的时候，才不会退缩，才能够轻松去解决。

05/ 给孩子有限选择，让教养简单又有效

随着孩子日渐长大，其自我意识就会觉醒。之前我阐释过，“自我意识”是个体对自己存在状态的认知和评价，其中包括了对自己的身体活动的意识，对自己思维、情感、意志等心理活动的意识。

孩子没有自我意识前，就如同提线木偶一般，提哪根线就动哪儿。当孩子有了自我意识后，就如同拥有了灵魂，他们能够控制自己的言行，会有自己的想法，会对他人的想法提出质疑。这也意味着，父母对孩子的教导将变得艰难起来，而以往有效的教养方法也将失去效用。

我举一个非常简单的例子，我们带孩子去朋友家做客，朋友家里只有果汁和白开水两种饮品。在孩子没有自主意识前，父母决定喝什么，孩子就喝什么。但是，当孩子有了自我意识后，当父母决定喝果汁时，他会提出反对，并产生自己的想法，想要喝汽水。而超出朋友家饮品的选择，无疑是一种缺失教养的行为。

对父母来说，孩子自我意识的觉醒，使得教养变得困难，但对孩子来说，自我意识的觉醒，令他们从黑白过渡到

了多彩，整个人变得鲜活起来。有了自我意识，孩子才算得上是一个独立存在的个体，他的人生不再迷茫。

孩子的自我意识，使其很多言行都与父母对着干，如果父母选择用强硬的手段压制孩子的想法，这无疑是扼杀孩子自我意识的行为，这是不可取的。其实，想要让自己对孩子的教养简单有效，最好的方法就是给孩子有限选择。

所谓的“有限选择”，是父母给孩子提供有限的选项，交由孩子从选项中选择。“有限选择”既能满足孩子自我意识的活跃性，也能满足父母对孩子教养的有效性。

“有限选择”为什么能够令孩子屈服于父母提供的有限选项上呢？从美国的两位心理学家做的有关“选择”的实验中，可以找到答案。

美国的两位心理学家以养老院的老人为实验对象。他们将老人们分为两个组，即A组和B组。

A组的老人可以选择房间的布置，只要将想法告诉工作人员，都可以做到；他们被允许养一盆绿植，并且可以自主选择养何种绿植；他们观看电影时，可以自行选择观看的时间。

B组的老人的房间全权交由工作人员布置；他们被允许养一盆绿植，但绿植由工作人员选好，然后统一发放；他们也会看电影，但时间由工作人员确定。

不难看出，A组的老人拥有很多选择权，很大程度上能够掌控自己的生活。而B组的老人，他们几乎没有选择权可言，生活基本上都是由工作人员掌控。一段时间过后，两位心理学家对两组老人进行了问卷调查，得到的结果是：A组的老人幸福指数很高，他们快乐且充满活力；B组的老人幸福指数很低，他们情绪低迷，缺乏活力。

通过这个实验，可以得出选择权能够给人带来幸福感和快乐感。所以，在教养孩子的时候，父母可给孩子有限选择，这有利于孩子的身心健康发展。

给孩子有限选择，还能够给孩子带来诸多的益处，比如：能够让孩子对自我认知有一个明确的方向。通过有限选择，孩子能够明确知道自己喜欢什么，想要什么，擅长什么；能够让孩子吸取到经验。不可否认，有时候孩子会选择错误，但是在错误之中，他们能够总结出教训，吸取到经验，这也是宝贵的财富。

给孩子有限选择，有助于对孩子的教养。在此，以我对女儿的教养为例。

之前我说过，我的女儿很喜欢吃糖，在她很小的时候，都是我给她几颗，她就吃几颗。随着她自我意识的觉醒，她不再满足我给她发的颗数，而是会跟我说她想吃多少颗。她说出来的数量，自然是比我给她的数量要多得多。所以，我每次都拒绝了她。随着我拒绝的次数越多，我发现她对吃糖果的欲望越来越小。

这种现象，不止表现在吃糖果上，也表现在其他事情上，只要我拒绝她的选择，她就表现得兴致缺缺。我便意识到，不给孩子选择权会扼杀她对事物的积极性。这之后，我便将选择权交到她手上。

当然，我给孩子的选择是有限选择，这样孩子的教养就在我的可控范围内。比如吃糖果，我会准备两种糖果，设置出三个选项：A. 第一种糖果两颗；B. 第二种糖果两颗；C. 两种糖果各一颗。三个选项让孩子选择其一。

有限选择，减少了很多孩子反对的声音。不管她的选择是什么，都有利于我对她的教养，有利于养成不嗜糖果的习惯。

著名心理学家简·尼尔森曾经说过："大人们最大的错误之一，就是只向孩子提要求，不向孩子提供选择。"在孩子无法判断出自己的选择是否合理时，父母可以给他们提供有限的选择。给孩子有限选择，能让教养简单又有效。

06/ 每一个孩子，都要立好的礼仪规矩

在生活中，有些孩子喜欢给人起外号，爱朝人扮鬼脸，常常做一些有违常理的事，哪怕是去别人家做客，也会调皮捣蛋，甚至是乱翻别人家的东西。这些行为，无疑是缺乏教养的。我研究过这类孩子，发现他们教养上的缺失，很大程度与父母的教养方式有关。

这类父母的教养方式呈现出了两个极端：首先是溺爱孩子。当孩子做出了缺乏教养的事情时，这类父母并不放在心上，认为没什么大不了。在孩子的行为冒犯到他人时，也会以“孩子小”“孩子不懂事”来给孩子开脱。

父母的溺爱，会令孩子认为，他干什么事都有父母帮忙顶着，溺爱也令孩子分辨不出自己的所作所为到底是对的，还是错的。在这种情况下，孩子会越发变本加厉地做出更加有失教养的事。

其次是严厉地对待孩子。这类父母在看到孩子做出有失教养的行为时，会去呵斥，在孩子的行为冒犯到他人时，会去责骂孩子，甚至是用手打孩子。孩子在父母严厉的对待之下，他会乖乖承认错误。但实际上，父母不告诉他错在哪

儿，他始终不能真正地明白自己的行为究竟是对是错。

这两类家长的教养方式虽然呈现出了两个极端，但都有一个共同点，那就是在孩子做出有失教养的事情时，都没有给孩子立礼仪规矩。特别是严厉对待孩子的父母，只一味地训斥孩子，而不告诉孩子哪里错了、该怎么做，孩子依然会重复做缺失教养的事。

有教养的孩子都很讲礼仪、懂规矩，他们见人会问好，嘴角衔着一抹微笑，一言一行都让人觉得格外舒适，也知道什么是对的，什么是错的。这些礼仪和规矩并不是孩子自己摸索出来的，而是父母立下来，孩子学习、遵守出来的。

我打一个比方，我们带着孩子去别人家做客，只有先告诉孩子，去了别人家要主动问好，在没得到主人家允许不能乱动人家的东西时，孩子才会照着去做；又比如我们带孩子去图书馆，只有告诉孩子不能在公共场合大声喧哗，孩子才会保持安静。我们的叮嘱，其实就是在给孩子立礼仪规矩。

每一个孩子，都需要立礼仪规矩，因为礼仪规矩，除了能够提升孩子的教养外，还会给孩子带来其他益处。

比如能够提升孩子的独立性。因为，任何事物都有规矩可言的，当孩子懂得遵守规矩，那么就能够很好地独立面对任何事；能够提升孩子的自信心。因为，讲礼仪、懂规矩的人走到哪儿都受人尊重、欢迎，而这些都是自信心的膨胀剂；更重要的是，学会了礼仪、规矩能够为孩子博得更多的机会，也有助于孩子日后能更容易地融入社会。

在给孩子立礼仪规矩上，有以下几点需要父母注意：

第一，规矩礼仪要趁早立。

我接触过很多父母，他们普遍认为，在孩子很小的时候给孩子立礼仪规矩，是在做无用功，孩子根本就不懂。事实真是如此吗？当然不是。有研究表明，越早给孩子立礼仪规矩，越利于孩子成长。

国外心理学认为，孩子7个月时，父母就可以给他们立礼仪规矩了。国内的心理学家认为，孩子在2岁至6岁之间，就要立好礼仪规矩。因为，从儿童心理发展来看，孩子2岁时就能产生自我意识，进入规则敏感期，仔细观察会发现，这个时期的孩子特别喜欢说“不”。而这个时期，也是立礼仪规矩的关键期，孩子能够快速地适应和掌握。

第二，给孩子立下礼仪规矩后，要带孩子去实践。

中国是一个礼仪大国，礼仪规矩有很多，比如见人要打招呼、不在公共场合影响他人、要守时、要诚实守信、要勇敢承认错误、在特定的场合遵守特定的规矩，等等。这些礼仪和规矩，不能光说，也要带孩子去实践，通过实践，孩子才能学会和掌握。

第三，坚守原则，不在礼仪规矩上妥协。

礼仪和规矩，对孩子来说，是一种约束力。有时候，孩子会用撒娇、耍赖的方式，想要挣脱这种约束力。如果父母没有坚守原则，对孩子的恳求妥协，那么孩子打破了礼仪规矩第一次后，接下来还会有无数次。

父母为自己立下的礼仪规矩坚守原则，并不是强权主义，而是让孩子能够遵守，帮助孩子养成讲礼仪、懂规矩的好习惯。

第四，以身作则，为孩子树立榜样。

孩子习惯的养成，与所处的环境息息相关。所以，如果父母给孩子立礼仪规矩，但是自己却不遵守，那么孩子就会有样学样，也会枉顾礼仪规矩。所以，为了孩子能更好地讲礼仪、懂规矩，父母要以身作则，率先去遵守。

俗话说，“没有规矩不成方圆”，只有孩子从小养成讲礼貌、懂规矩的习惯，那么长大后，才能做到以礼待人、遵守规矩。所以，父母一定要给孩子立礼仪规矩，鞭策孩子成为一个有教养的人。

07/ 一张“计划表”，
让孩子成为有目标的小天使

生活中，很多孩子都有做事拖拉、散漫的习惯。面对这些陋习，父母不是哄着让孩子坚持，就是大发雷霆让孩子去做。不可否认，父母的哄与怒火，确实能让孩子执行，但是却有时限，孩子坚持不了一会儿就会故态复萌，如此陷入恶性循环当中。

孩子为什么会有做事拖拉、散漫的陋习？我之前说过，环境能够直接影响孩子，这其中包括孩子的行为习惯，尤其是处在模仿时期的孩子，父母的一言一行能直接决定他们的言行习惯。所以，当父母时常在孩子面前表现得拖拉、散漫时，孩子也会有样学样，不知不觉将这样的陋习刻在骨子中。

我的女儿有一段时间也表现得很拖拉、散漫，比如：我喊她起床，她嘴上回答说马上起床，但是却左拖右拖；我让她关掉电视去写作业，她会用各种话语来敷衍我，直到她爱

看的电视播放完了才关掉；老师布置的暑假作业，她总要我督促才会写，且她在写的时候也是这页挑道题来做，那页挑道题来写。

我在纠正她拖拉、散漫的陋习前，我先分析了她染上这一陋习的原因。我发现，她的拖拉、散漫很大程度是从我的身上学来的。因为我有一段时间工作忙，人很疲惫，在做家务的时候，都是能拖就拖，且在做的时候，也显得漫不经心。女儿看到我拖拉、散漫的表现后，才有样学样。

当孩子做事缺乏条理性时，也会拖拉、散漫。孩子因为小，心智发展不算成熟，因此常常会凭着感觉做事。当父母不引导孩子建立条理性，久而久之，孩子就会做事散漫，特别是事情一多，更显得不知道从哪儿做起，当孩子不知道从哪儿做起时，干脆就选择了不做。

此外，父母对孩子的大包大揽，也会令孩子拖拉、散漫。当孩子需要做某件事时，父母想也不想直接帮孩子去做，会令孩子对父母产生依赖性，继而在自己做的时候，也会漫不经心，甚至会拖延，达成让父母帮忙的目的。

孩子就像是一只小鹰，终有一天会独自翱翔在天空之中。作为父母，我们或许能督促他们一时，但是却督促不了他们一辈子。所以，最好的方法就是帮助孩子纠正拖延、散漫的陋习。如何纠正呢？很简单，只要制订一张计划表。按照计划表去做，孩子就能成为有目标的小天使。

有位哲人曾经说过：“世界上没有懒孩子，只有没有目标的孩子。”计划表中的每一个计划，其实是每一个目标。目标就像是高挂在天空之上的启明星，能够指引迷失了方向的人前行，而目标也就是行动的源泉。

一张小小的计划表，它能够给孩子带来巨大的影响。首先，它能够培养孩子的时间观念。孩子做事拖拉、散漫，就是没有时间观念，而计划表上有明确的时间安排，在什么时间段做什么事，孩子在按照计划表执行时，也会将时间观念刻入脑海之中。有了时间观念，孩子就不会做事拖拉了。

其次，计划表能够培养孩子的效率意识，提高孩子的做事效率。通常，计划表中有明确的休息时间，当孩子得到充分的休息后，做起事来自然有效率。此外，计划表会将要做的事情一件件列下来，且都有时间规定，孩子在规定的时间里完成，都是有效率的。而孩子在执行的过程中，会逐渐建立起效率意识。

在制订计划表时，父母可以让孩子参与其中，这会让孩子更有动力去执行。怎么制订计划表呢？有几点需要注意：

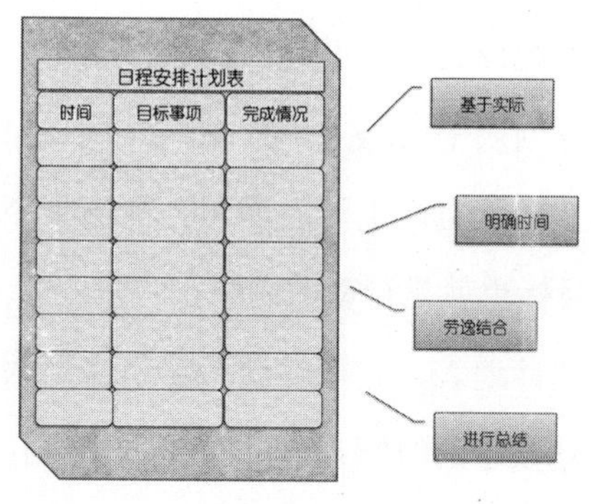

图4-2 孩子的“日程安排计划表”

第一，制订计划表时要基于实际。计划表上是需要实现的目标，如果目标太大，太难实现，那计划表就没有存在的意义了。所以，制订的计划要实际，要量力而行，只有实现了计划，才有动力去实现下一个计划。

第二，要明确计划的时间。计划表上的计划是要有时限的，因为不给计划加时限，执行的人可能会懈怠，而目标也将会遥遥无期。所以，在制订计划表时，要给计划设定完成的期限。

第三，劳逸要结合。我的女儿放暑假时，我让她写了一份计划表。令我哭笑不得的是，这份计划表上全是学习安排，且没有休息的时间段。这样的计划表显然是不合理的。

所以，计划表上要有计划，也要有休息、娱乐等休闲安排。

第四，每次完成计划表的内容后，要进行总结。制订计划表的目的，是希望孩子变得越来越好。引导孩子对计划表上完成的内容进行总结，有利于帮助孩子发现自身不足。每纠正一个不足，对孩子来说都是一点进步。

第五章
将习惯的“盲点”变成“支点”

没有人是十全十美的，每个人身上有不好的习惯，有好的习惯，孩子也一样。父母需要帮助孩子发现不好的习惯，并将不好的习惯纠正为好的习惯。将孩子习惯中的“盲点”变成“支点”，才是对孩子真正的教养。

习惯造就第二天性，比天性本身更顽固

孩子爱玩，他们总能全身心地投入到玩耍之中；孩子好奇心强，他们看到一个新奇的事物后，总想去一探究竟；孩子的情绪多变，就像是六月的天，一会儿晴，一会儿阴；孩子爱问，他们的问题千奇百怪，脑洞大开。这些，都是孩子的天性。

什么是“天性”呢？它是指一个人出生时就具有的秉性。

一个人的天性是先天固有的，难以通过外力改变，但是外力能够引导天性向善与恶发展。而由外力引导的天性，最终会演变为第二天性。第二天性是由后天的习惯发展而来的，简单点说，就是习惯造就了第二天性。

好的习惯，能造就出孩子好的二天性，而不好的习惯，能造就出孩子不好的第二天性。培养孩子好的习惯，造就孩子好的第二天性，是父母教养孩子的本原所在。

我举一个例子，孩子天生爱动，到哪儿都坐不住。那么，爱动就是孩子的天性。当孩子去别人家做客，有乱翻别人东西的行为时，父母不加以管制，那么爱乱翻他人东西就会成为孩子的习惯，这个习惯显然是不好的，是缺乏教养的，所以这个习惯造就的是孩子不好的第二天性。

反之，当孩子有乱翻别人东西的行为时，父母加以制止，并给出正面管教，教导孩子不要乱翻他人东西。通过多番的约束与训练，孩子就会养成不乱翻他人东西的习惯。这个习惯是好的，是有教养的，所以这个习惯造就的是孩子好的第二天性。

孩子爱动的天性没有改变，他依然精力充沛，活力四射，但是在特定训练的事物上，就会遏制自己爱动的天性。

孩子的天性难以改变，但是通过习惯的养成，能造就出第二天性。而习惯造就的第二天性，比天性更顽固。所以，好的习惯能深入孩子骨髓，而坏的习惯也将难以拔除。

父母需要把握孩子习惯养成的关键时期，注重孩子言行，养成孩子好的第二天性。

01/ 帮助孩子发扬好习惯，改掉坏习惯

天性是先天固有的，但习惯却是后天形成的。孩子习惯的养成，与所处的环境有很大关系，因为，孩子的习惯绝大多数是源于对外界的模仿。

比如我的女儿，有一段时间她特别喜欢赖床。我思索过，她的这个习惯是从我的身上模仿而来的，因为那段时间我也喜欢赖床。当她对我的模仿次数多了，那么模仿的行为就成了她的习惯。

每个孩子的身上，有好的习惯，也有坏的习惯。而每一种习惯，都是经过长时间养成的。很多时候，父母没能发现孩子身上的坏习惯，是因为父母身上也有那些不好的习惯，故而对孩子表现出来的言行习以为常。

但是，习惯能够决定人的命运，好的习惯能够成就一个人，坏的习惯能够毁灭一个人。那么，习惯对孩子有哪些影响呢？

习惯能够决定孩子的做事效率和质量。好的习惯能使孩子在做一件事时，按部就班地去做，力求将事情做得很好；坏的习惯则会使孩子在做事时拖拖拉拉，并且总做得一团糟。所以，好习惯有利于孩子的学习。

习惯能够决定孩子的人际关系。人们喜欢与有好习惯的人相处，因为能感到惬意、舒适。反之，与坏习惯的人相处时，会得到糟糕的体验。所以，拥有好习惯，就是拥有好人缘。

更为重要的是，习惯能够决定孩子日后的机会与机遇。因为，有好习惯的人能给人一种靠谱感，而有坏习惯的人则会给人不靠谱感，一番对比之下，人们自然愿意将重任和机会交给靠谱的人。所以，好的习惯能够避免孩子走很多弯路，坏的习惯令孩子多走许多冤枉路。

在了解了习惯对孩子的人生产生的影响后，父母需要明白，我们对孩子教养的意义在于，要帮助孩子发扬好的习惯，帮助孩子改掉坏的习惯。

孩子的天性无法通过外力改变，但习惯是能够去改变的。不管是好习惯，还是坏习惯，都不是一朝一夕形成的，它经历了一个漫长的形成过程。这意味着，发扬好习惯和改掉坏习惯，需要花费很多时间和精力去完成。

如何去发扬孩子的好习惯，改掉孩子的坏习惯呢？在此之前，我们需要明白，习惯究竟是怎么形成的。

从科学的角度来说，习惯是大脑决定的结果。人的大脑有两个部位，分别为新皮质和基底核。新皮质有很强的思考能力，负责处理复杂问题的思考，比较消耗能量；基底核的思考能力不强，负责处理的问题比较简单，能量消耗较低。

当我们接触了一件新事物，新皮质会思考到底要不要做、该怎么做？当新事物沦为旧事物后，新皮质就将思考的任务转给基底核处理。而基底核是不善于思考，发出的指令是直接去做，由此，习惯就形成了。

我们想要帮助孩子发扬好习惯，改掉坏习惯，要引导孩子去关注、思考自己的言行。尤其是那些不好的习惯，更要引导孩子去思考。

我的女儿也有很多不好的习惯，那么，我是怎么帮助她改掉坏习惯，发扬好习惯的呢？我让女儿先发现自己的坏习惯，然后思考坏习惯会给她带来哪些不好的影响，以及思考怎么做才是对的。当孩子思考得多了，坏的习惯改掉了，好的习惯便养成了。

我举一个例子，我的女儿小的时候有不爱整理玩具的习惯。孩子因为年龄小，还分不清楚什么是好习惯，什么是坏习惯。所以，我主动告诉她，不整理玩具是个不好的习惯。在她意识到这个习惯不好后，我又引导她去思考这个坏习惯带来的不好的影响有哪些，正确的做法是什么？

孩子经过思考，明白了不整理玩具会令家中一团乱、会令自己无法快速地找到其中的某一个玩具、会令玩具被踩碎、会搁到自己脚，等等，她就知道玩具必须要整理和收拾了。当孩子思考得多了，做得多了，整理和收拾玩具的好习惯就养成了，而之前的坏习惯也改掉了。

在孩子的成长过程中，她会养成无数个习惯，这些习惯是孩子特有的标志，令她成为那个独一无二的自己。在孩子的习惯中，有好的，也有坏的。对于好的习惯，要鼓励孩子继续保持，而对于那些不好的习惯，也要鼓励和帮助孩子去改掉。

02/ 发现孩子的问题，360 度反馈

想要解决一个问题，要先发现这个问题。同样的，想要改掉孩子身上的坏习惯，要先发现孩子身上的坏习惯。就好比，孩子有不讲卫生、不讲礼貌的坏习惯，只有先发现这些坏习惯，才能针对性地去解决。

坏习惯就是孩子身上的问题，可以说，每个孩子都存在这样或那样的问题。这些问题并不可怕，只要能发现，就能

够被解决。真正可怕的是放任孩子身上的问题发展，最后使原本能够轻松解决的问题演变成难以解决的问题。

作为父母，我们教养好孩子，就要懂得去发现孩子的问题，用360度反馈的方式去解决孩子身上的问题，最终实现帮孩子养成好习惯的目的。

我首先要说的是，如何才能发现孩子身上的问题?

孩子身上的问题，可以通过言行表现出来。所以，和孩子沟通交流，能够发现他们的问题所在。因为，与孩子沟通时，从他们的言语之间，能够发现他们的思想观念，这些观念有好的，也有坏的，而坏的观念就是问题所在了，因为映射到行为上，就是不好的习惯。所以，父母想要发现孩子身上的问题，就要多和孩子沟通交流。孩子越是敞开心扉地去说，就越能发现问题。

多观察孩子的行为，也能发现他们身上的问题。可以说，行为举止比言语更能反映出孩子身上的问题，也能令父母更清楚地发现孩子的问题所在。所以，不管平时有多忙，父母都要抽出时间，去关注孩子的行为。

此外，也可以从他人的嘴中收集孩子身上的问题。有时候，父母和孩子相处太久，并不认为孩子身上的问题是问题。反倒是与孩子相处不久的人，能够快速地发现孩子的问题。此外，孩子是聪明的，他们清楚地知道自己的身上存在一些问题，只不过，他们懂得在父母面前遮掩，只在外人的面前展示。所以，和孩子的小伙伴、老师、邻居等人就孩子身上的问题进行沟通交流，能够有效地收集到孩子身上的问题。

就像我的女儿，在没有和她的老师沟通前，我绝对想不到，她有爱打断人说话的坏习惯，而这样的习惯无疑是缺乏教养的。如果我发现不了她身上的问题，我就无法帮助她纠正。

我记得，那天我接女儿放学，恰好碰到了她的班主任老师。在路上，我们聊到了孩子。老师问我孩子在家中的表现，我问老师孩子在学校里的表现。老师先是对我的孩子一顿夸奖，罗列了她的很多优点，但在结尾，她也点出了我的女儿做得不好的地方。老师告诉我，我的女儿上课的时候喜欢打断老师的话，她希望孩子有什么话可以等到老师让她发言或是下课的时候再说。

回家的路上，我问女儿为什么要打断老师说话？她告诉我，她没有听懂老师说的知识点，想让老师再讲一遍。站在女儿的角度，她是意识不到自己的行为是存在问题的，因为她认为有不懂的地方就问老师是应该的。但是，站在老师和同学们的角度去看，她的行为是存在问题的，因为她的打断既破坏了老师的讲课进度和课堂纪律，也打破了其他同学的听课思路。后来，我在和女儿沟通中，发现她也有打断同学或他人说话的习惯。

当我发现了女儿身上的具体问题后，我才能有针对性地帮助她改正。所以，我接下来要说的是，在发现孩子的问题后，如何帮助孩子纠正呢？就像我的女儿上课爱打断老师说话的习惯，我采用了360度反馈法来帮助她纠正。

360度反馈，又称多重评价，它绝大多数用在企业对员工的绩效评价上，目的是为了通过对错误的评价而减少或改正错误。将360度反馈用在纠正孩子身上的陋习上，也能够取得不错的效果。

比如我的女儿有爱打断他人话语的习惯，我先是让孩子认识到自己行为的错误之处，然后让她记录下每周会出现多少次这样的情况。我针对她的坏习惯设置出了五个评价等级，分别是：

优秀：1周内1次都不犯。

良好：1周内犯1次。

一般：1周内犯3次以内。

差：1周内犯3次以上，5次以下。

很差：1周内犯5次以上。

孩子通过对自己这一坏习惯的记录，就能清楚地知道自己得到的评价等级是什么。当然，为了激励孩子积极改正，还可以设置惩奖措施。在360度反馈中，我的女儿渐渐改掉了爱打断人说话的坏习惯。

作为父母的你，如果发现自己的孩子身上也存在诸多问题，不妨用360度反馈法来帮助孩子纠正。当孩子身上的问题被一点点克服后，你会发现他们是那么的耀眼夺目。

03/ 一张表让孩子养成所有好习惯

俗话说："习惯成自然。"很多时候家长稍微不留意孩子的言行，孩子就有了一些不好的习惯。

在发现孩子身上的坏习惯后，绝大多数父母都会有意识地帮助孩子纠正，并教导孩子正确的做法。然而，取得的效果却差强人意。这些坏习惯就如同毒瘤一般，在孩子身上扎了根，怎么也纠正不过来。

为什么孩子身上的坏习惯那么难改掉呢?

不管是好习惯，还是坏习惯，它的形成都经历了一个漫长的过程。想要改掉孩子身上的坏习惯，需要做好打持久战的准备。但是，父母因为工作繁忙或生活琐事的困扰，使得不能时刻盯着孩子的这些陋习。

孩子很聪明，当他们发现父母的注意力不在他们的身上后，就会松懈，继续再犯。如此一个小小的坏习惯，怎么也拔除不干净。

之前我说过，教养孩子的原本之一就是要帮助孩子养成好的习惯，改掉坏的习惯。很多父母懂得了教养的这一本原，但是却没有掌握正确的教养方式。因为，很多父母在帮助孩子养成好习惯、改掉坏习惯上，不是对孩子说教，就是动用武力，然而这样的教养方式不仅起不了作用，还会令孩子对父母或好习惯产生厌烦感、恐惧感。同时，也会令父母心力交瘁，倍感无力。

如何才能轻松有效地改掉孩子的坏习惯，养成好习惯呢？只要巧用一张表即可。

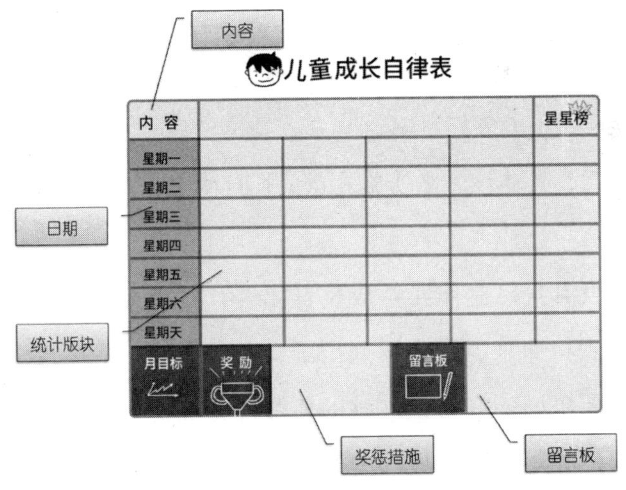

图5-1 儿童成长自律表

这张表是儿童成长自律表，能够帮助孩子养成好的习惯。而好习惯的养成，意味着坏习惯的去除。儿童自律成长表基本可分为五个部分。

第一部分是内容。内容指的是孩子需要养成的好习惯，也可以是孩子需要纠正的坏习惯。

第二部分是日期。这个日期是孩子一段时间内的表现，可以设置为一周或一个月。

第三部分是统计版块。这个版块是统计一周内达成好习惯的次数。

第四部分是惩奖措施。当孩子达成多少次好习惯后，可以得到某个奖励；当孩子没有达到多少次好习惯后，会得到某个惩罚。

第五部分是留言板。这个部分是父母对孩子的鼓励留言，激励孩子养成好习惯。

那么，具体该怎么实施儿童成长自律表呢？我以我的女儿为例。

我没有自己制作儿童成长自律表，而是买了一张制作精美的表格回来。我先罗列出了女儿身上的一些坏习惯，以及需要巩固的好习惯。她的坏习惯有挑食、吃饭慢、不喜欢刷牙等等，需要巩固的好习惯有饭前洗手、不乱扔垃圾、收拾完具、按时睡觉等等。其次，我将孩子的成长自律周期设置为一个月，每一周为一个阶段。这之后，我和孩子商量，她一个月达成好习惯的次数超过多少次，我就给她想要的奖励，没有达到的话，就惩罚她一个星期不可以看电视。最后，我鼓励她要做到，并将鼓励的话写在了表格上。

孩子每天能达成习惯，我就给她在对应的表格内贴一颗红星星，如果没有达成，就贴一颗黄星星。孩子在好胜心和奖励措施的促使下，逐渐改掉了不好的习惯，养成了好的习惯。

孩子的好习惯，都是从小养成的。父母在孩子萌生出自我意识时，就可以使用上儿童成长自律表。

对于儿童自律表的样式和执行过程，我有以下几点建议：

第一，要根据孩子的喜好来选择或制作儿童成长自律表格。这种表格制作起来很简单，在市场也有很多现成的售卖。不过，为了激发孩子的积极性，父母需要根据孩子的喜好来制作或购买表格。因为，只有孩子先对表格先感兴趣了，他才会有动力去执行。

第二，要罗列出孩子的坏习惯和希望孩子养成的好习惯，并分批次去执行。儿童成长自律表的目的是帮助孩子养成好习惯，改掉坏习惯。所以，孩子已经养成的好习惯，不需要出现在表格之上，只要将不好的、希望养成的习惯贴在表格上即可。

由于孩子的年龄小，承受力有限，父母如果贴在表格中的习惯过多，就会令孩子产生巨大的压力，如此儿童自律成长表的效用将大打折扣。所以，父母需要控制并合理安排孩子每次纠正和养成的习惯的数量，要分批次去进行。

第三，对每一个习惯要制定清楚的达成目标。我举一个例子，比如早睡早起这一习惯，父母需要规定孩子几点起床、几点睡觉，只有做到了，才算达成了目标。有了明确的目标，孩子才能清楚地去执行。

第四，要与孩子一起商讨惩奖措施，多给予孩子鼓励。因为，孩子想要的奖励，能够刺激孩子达成习惯的积极性，而惩罚，也会像一条无形的鞭子，鞭策孩子努力做到好习惯。当然，在孩子执行的过程中，父母不要忘了给予孩子鼓励和肯定，让孩子在养成好习惯时再接再厉。

04/ 习惯四部曲：提示→渴求→反应→奖赏

有研究表明，人有40%以上的行为都是习惯。所以，孩子的未来成功与否，与其习惯有很大关系。好的习惯能够给孩子带来机遇，令他们变得越来越好；而不好的习惯则会令孩子丧失很多机遇，变得越来越糟糕。

在孩子小的时候，父母能够帮助孩子纠正坏习惯，养成好习惯。但是，随着孩子日渐长大，父母终有一天会离开孩子的身边，这个时候，孩子需要依靠自己来戒掉坏习惯，养成好习惯。

如何掌控习惯呢？美国著名习惯研究专家詹姆斯·克莱尔通过对人的习惯的研究，总结出了四个培养出好习惯的步骤。这四个步骤为：提示→渴求→反应→奖赏。

四个步骤的联系是：“提示”可以触发“渴求”→因为“渴求”而做出“反应”→“反应”后会得到“奖赏”→“奖赏”又能提示我们去获得渴求，如此陷入一个良好的循环当中。当循环的次数多了，自然就形成了习惯。

这四个步骤具体该怎么执行呢？

我首先要说的是第一个步骤——提示。

简单点说，“提示”就是让习惯浮出水面，知道如何去做。詹姆斯·克莱尔提出了几个让习惯显而易见的方法：

用思考去改变习惯。这是因为，通过对习惯的思考，能够更深层次地了解自己的习惯。如果这个习惯能够带来积极的影响，那么就要保持这个习惯；如果这个习惯带来的影响是消极的，那么就要终止这个坏习惯。比如我的女儿，在我发现她有埋头写作业的情况时，我让她反思自己写作业时的坐姿是对是错？会给她带来哪些不好的影响？当孩子意识到这个习惯是不好的，不用我提醒，她就会自己调整出正确的坐姿。

利用“执行意图”来培养好习惯。执行意图是实现目标的新方法，是一种特定的计划，即发生了什么情况，就采取什么行动。这里的情况，通常为特定的时间、地点。比如在晚上9点的时候，要立马上床睡觉；在公共场合，要保持安静。执行意图的指定，能够令孩子形成条件反射，最终发展为好习惯。

设置环境也能够养成好习惯。当某件事做得多了，也就成了习惯。但是很多时候，有些事根本想不起来去做，而不做也就形成不了习惯。对此，我们引导孩子设置环境来培养好习惯。比如，如果培养孩子睡前读故事的好习惯，可以在孩子的床头柜上放几本故事书，当孩子看到了故事书，才会想起去看。

第二个步骤是：渴求。詹姆斯·克莱尔对这一步骤的定义是，让习惯变得更有吸引力，这样才有执行的动力。詹姆斯·克莱尔提出的让习惯变得有吸引力的方法有：

将习惯与自己喜欢的事物相结合。比如我想要培养女儿做事有耐心的好习惯，而阅读不失为一个培养耐心的好方法。她喜欢故事书，我便买来她喜欢的故事书，当她主动地投入到阅读当中的那一刻，意味着这个好习惯在一点点养成。

改变思维模式。很多时候，孩子不愿意去做某件事，是因为片面地认为这件事并不能给自己带来好的结果。但事实上，全面地去看待某件事，是能发现给自己带来好的结果的。比如存钱的习惯，孩子会片面地认为，存钱会使自己与喜欢的玩具失之交臂，所以不想去存钱。倘若他们能够多想想存钱的优点，比如存钱能够买到更高级的玩具，那么就不会抗拒了。所以，父母可以引导孩子改变思维模式。

第三个步骤是：反应。通过不断地重复行动，令习惯成为自然。詹姆斯·克莱尔提出的提高行动频率的方法有：

削弱来自要养成的习惯的阻力。这里的阻力是指影响执行某一习惯的原因。比如养成孩子按时写作业的好习惯，在这个过程中，孩子所遇到的阻力有动画片对他的诱惑，这个时候父母就要帮助孩子去削弱阻力。对此，可以先让孩子做作业，做完后用电脑播放给他看。这样，孩子就能养成按时写作业的好习惯了。

建立承诺或选择机制。简单说，通过对某个习惯做出某种承诺或选择，让承诺或选择去强制性改变行为。比如，孩子不喜欢与人交谈，父母可以送孩子去夏令营，孩子为了解决自己的日常需求，就会强制性地要求自己去与他人交流。当交流的次数多了，孩子不知不觉就纠正了不爱与人交谈的习惯。

第四个步骤是：奖励。目的是在习惯中体验愉悦感。詹姆斯·克莱尔提出，在培养某个好习惯前，可以先设下达成目标的奖励。不管是在执行的过程中，还是达成目标，养成好习惯之后，都能体验到愉悦感。而这股愉悦感，会使得孩子继续养成其他的好习惯。

授人以鱼，不如授人以渔，只有孩子懂得掌控习惯，他才能取其精华，去其糟粕。所以，父母需要令孩子学会掌控习惯的四部曲：提示→渴求→反应→奖赏。

05/ 除了“正向强化”还有“负向强化”

教养孩子，其实就是帮助孩子蜕变为一个优秀的人。而孩子的习惯很大程度能够决定他当下和未来优秀与否。所以，父母在培养孩子好的习惯时，也要帮助他改掉坏的习惯。面对孩子身上的习惯，除了可以正向强化外，还可以负向强化。

什么是“正向强化”？它是指给一个行为欲望的刺激，促使该行为更加活跃。这里的欲望，通常是能够令孩子产生愉快的情绪。在斯金纳箱子实验中，就能够看到欲望对行为的刺激。

著名心理学家伯尔赫斯·弗雷德里克·斯金纳曾做过一个心理实验，他制作了一个箱子。这个箱子的构造是：在箱子的一面内壁上有一个装着食物的小盒子，小盒子连接着一根可供按压的杠杆和一个食槽。每按压一下杠杆，就会有一粒食物从小盒子出来落入食槽内。

斯纳金将一只饿了一整天的小白鼠放入了箱子内。开始的时候，小白鼠在箱子内乱窜，偶尔会按压到杠杆，获得了几次食物。这个时候，小白鼠并没有发现按压杠杆和食物之间存在关系，但它重复几次按压杠杆和获得实物后，就形成了压杆取食的条件反射。

这个实验表明，欲望对行为有刺激性作用，就像小白鼠，在食物的刺激下，就不断地去做按压杠杆的行为，形成了习惯。

在培养和纠正孩子的习惯上，父母也可以用正向强化，用欲望来刺激孩子的言行，促使孩子们养成好习惯，纠正坏习惯。

那么，如何对孩子实施正向强化，给其欲望的刺激呢？

首先，可以用表扬来刺激孩子。表扬是一种肯定，一种认同，父母在表扬孩子时，会令孩子感到愉快，这股情绪会使孩子更加坚定不移地去执行。不管是孩子坚持去做好的行为习惯，还是去纠正坏的行为习惯，都可以给予孩子表扬。

其次，用奖励来刺激孩子。奖励是执行的动力，尤其是父母的奖励很合孩子心意时，孩子会更有动力去做。只要孩子有所行动，那么好的习惯就能养成，坏的习惯就能纠正。所以，父母在帮助孩子培养或纠正某一习惯前，可以先和孩子谈论奖励。明确了奖励，孩子才能清楚地知道自己该怎么做。

父母除了用正向强化来帮助孩子养成好习惯、纠正坏习惯外，也可以用负向强化。

什么是“负向强化”呢？负面强化与正面强化的过程不同，但目的是相同的。负面强化是指给人一种讨厌的刺激，促使其行为的活跃度。通常，讨厌的刺激会令孩子产生恐惧、恼怒和不愉快的情绪。在斯金纳箱的实验中，也能看到讨厌的事物对行为的刺激。

斯金纳将纸箱的结构进行了调整，他在纸箱的一面内壁装了一个噪音音响，音响下有一个杠杆，只有按压杠杆，噪音才会停止。斯金纳将一只猫放入了纸箱内，猫在探索之中，按下了杠杆，噪音停下了。在反复几次按压后，猫知道了杠杆与噪音的联系，形成了压杆停止噪音的条件反射。

在这个实验中，噪音是讨厌的，给了猫不愉快的情绪体验，在噪音的刺激之下，不断地做出按压杠杆的行为，形成了习惯。

那么，该如何对孩子实施负向强化呢？

父母可以给予孩子批评。父母在看到孩子有不好的习惯时，可以就这个坏习惯对孩子进行批评。孩子是有自尊心的，父母的批评会令他们认识到自己这个习惯是不好的，为了不让自己再受批评，令父母对他刮目相看，他们会有意识地去纠正自己的坏习惯。而每一种坏习惯的纠正，都意味着好习惯的养成。

父母也可以给予孩子惩罚。惩罚给孩子带来的也是一种不愉快的情绪体验，所以也有鞭策孩子纠正坏习惯、养成好习惯的作用。

我的女儿小的时候有爱挑食的坏习惯，我就是用负向强化来帮助她纠正这一坏习惯的，而我用的负向强化的方式，就是给孩子惩罚。

我的女儿很喜欢吃虾，不喜欢吃蔬菜。在帮助她纠正时，我先是批评了她爱挑食的习惯，然后给她建立了惩罚制度。我对她的惩罚是，如果她不吃蔬菜，就不准吃虾，不准看动画片。我对她的惩罚都是建立在她喜爱的事物之上，所以她很有动力去改正。渐渐地，当她吃的蔬菜的次数多了，就不那么抗拒了，而爱挑食的陋习也纠正了过来。

父母需要注意一点，负向强化就像是一片乌云笼罩在孩子的心头，它给孩子带来的是忐忑和不安，是恐惧和恼怒。一旦孩子长时间处在这种消极的情绪当中，对孩子的身心健康发展是极其不利的。所以，在对孩子使用负向强化时，一定要把握尺度。

06/ 重要的事情说三遍：跟进、跟进、跟进

给你一张白纸，让你罗列出孩子的优点和缺点，会发现孩子的优点很多，缺点也很多。作为父母，我们是有责任帮助孩子保持好习惯，纠正坏习惯的。

但是，我身边有许多父母向我抱怨，帮助孩子养成好习惯、纠正坏习惯是一件很困难的事。因为，他们耗费了很多时间和精力，但是孩子的好习惯依然没有培养成，而坏习惯则反复发作，难以根除。

当我对这些父母执行的过程进行了解后，发现了一个巨大的问题，那就是他们持没有续性地关注孩子习惯的发展。简而言之，就是在培养孩子的好习惯和纠正孩子的坏习惯上，没有跟进、跟进、再跟进。

就像我接触过的一些父母，他们对孩子的习惯很关心，会有目的性地去培养孩子的好习惯，在发现孩子的坏习惯后，也会帮助孩子去纠正。但是，因为工作繁忙，不能持续

跟进孩子的习惯。然而，正是因为今天有时间就关注一下，每天没时间就不关注，致使孩子的好习惯始终无法成形，坏习惯始终无法彻底纠正。

此外，父母对孩子的习惯若掉以轻心，会让孩子无法养成好习惯，也无法改掉坏习惯。因为，很多父母会自认为孩子的习惯已经养成或已经纠正过来了，便不再花费心思去关注。但事实上，孩子的好习惯没有处在一个稳定的状态，坏习惯也随时处在爆发当中。

针对孩子的习惯，父母一定要持续性地的跟进。为什么要持续性地跟进呢？在此之前，我们需要先了解下什么是习惯。

当一个行为周而复始地去重复，渐渐地就成了习惯。所以，好习惯的养成、坏习惯的纠正都不是一朝一夕就能完成的。

有研究表明，培养一个好习惯只需要21天。在习惯形成的这个过程中，大致会经历三个阶段：

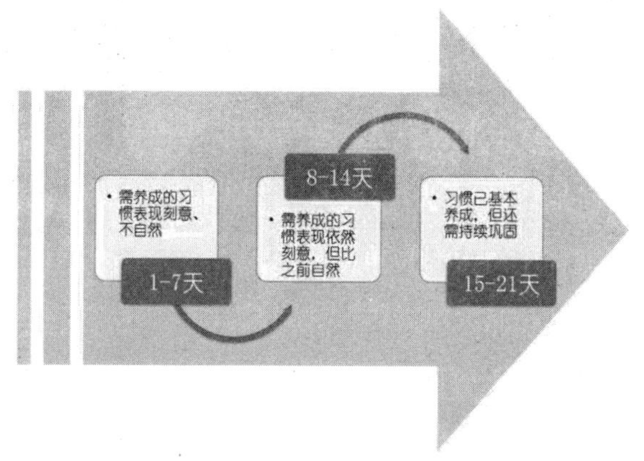

图5-2 习惯形成的三个阶段

第一阶段是在习惯形成的第1至7天里，这个阶段中，需要养成的习惯表现得很刻意、不自然。第二阶段是在习惯形成的第8至14天里，这个阶段中，需要养成的习惯表现得依然刻意，但是自然了很多。不过，如果不继续刻意地去重复，就又会恢复原样。第三个阶段是第15至21天里，需要养成的习惯表现得自然而不刻意。在这个阶段里，习惯已经养成了，但是还需要持续性巩固，这样才能习惯成自然。

从习惯经历的三个阶段，可以看出，每一个好的习惯、坏的习惯，都是需要投注时间和精力的，需要持续性去关注的。在这三个阶段中，只要有一个阶段没有跟进，那么就会功亏一篑，好习惯将怎么也养不成，坏习惯也将怎么都改不掉。所以，在孩子的习惯上，父母要做到跟进、跟进、再跟进。

我的女儿很小的时候，吃饭前都是由我帮她洗手。因为她年纪小，我怕她洗不干净。不过，我每次帮她洗手前，都会教她怎么洗，并给她独立去做的机会。后来，孩子长大了，我便让她自己去洗。

让我无奈的是，我的女儿饭前没有主动洗手的意识，都需要我去提醒。只要我一次不提醒，她就会忘记。为了养成她饭前洗手的好习惯，我便对她饭前洗手的习惯进行了很长一段时间的跟进。

在最初的一周里，我在提醒孩子执行的时候，表现得格外重视。孩子意识到这个习惯的重要和我的重视后，也重视起来，渐渐地，有时候不用我提醒，她也会主动去做。在第二周中，孩子执行时稍有松懈，但在我的及时跟进下，她又重新执行起来，渐渐地往习惯的方向发展。到了第三周，我几乎不怎么提醒，她也能主动去做。

我在对女儿的这个习惯跟进了21天后，也没有放松，而是持续性地再跟进。因为我发现21天之后，她偶尔还会再犯坏习惯。直到我持续观察她多日，她都能做到了，我才没有再关注她。

好习惯都是周而复始养成的，父母想要养成孩子好的习惯，纠正孩子坏的习惯，都需要持续性地去关注孩子。因为，父母的跟进，会令孩子重视起来。在重复多次后，坏的习惯改掉了，好的习惯就形成了。

第六章 品性是最高阶的教养，破与立的重塑

有教养的孩子，身上有许多优秀的品性。父母帮助孩子剔除不好的品性，建立优秀的品性，就是在提升孩子的教养，也是给孩子最好的教养。

一个人的品性在少年时就定型了

中国有一句俗语，叫作“三岁看小，七岁看老”。这句话的意思是，孩子3岁时所呈现出来的心理特点、7岁时所呈现出来的个性倾向，皆是其成年后的心理和个性的雏形。所以，在孩子很小的时候，就能看到他未来的品性如何。

这句话，虽然有夸大的成分，但是不可否认，在孩子很小的时候实施教育是很有必要的。因为有研究表明，如果把17岁的人的智力水平看作100%，那么孩子在4岁之前就已经获得了50%的智力，4至7岁又会获得30％的智力，7至17岁则获得余下的20％的智力。所以，4岁之前是孩子学习做事方式和规矩的关键时期，而4至17岁，是孩子心理发展和个性倾向的定型时期。

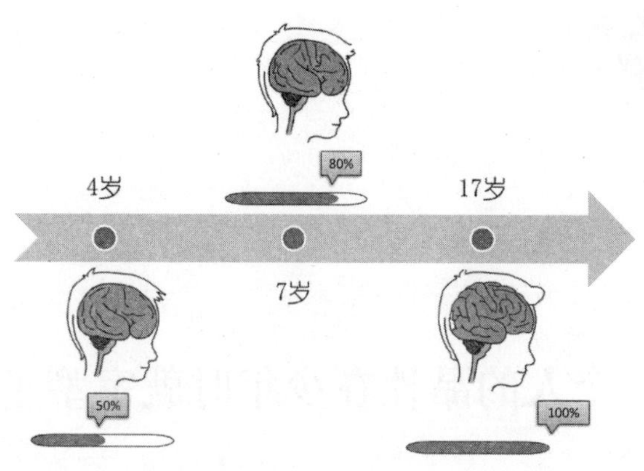

图6-1 孩子的智力水平发展情况

简单点说，就是一个人的品性在少年时期就已经定型了，而这也是我要说的又一个教养的本源。

有教养的孩子，必然内心善良、谦虚有礼、诚实守信，各方面品性都是不错的。而这些良好的品性，很大程度能够决定孩子会有一个不差的未来。因为，有着良好品性的人，不管是在生活中，还是在职场上，都极受人欢迎、尊重，也会获得更多走向成功的机会。

一个人的品性在少年时期就已经定型，所以少年时的品性，成年以后也会不自觉地展露出来。品性就像习惯一样，它并非一朝一夕就能养成，而是周而复始形成的。所以，父母培养孩子品性时，一定要趁早，决不能等到孩子的品性已经定型了再去培养，因为那将会十分困难。

01/ 善良是一个人最高贵的底色

“人之初，性本善。性相近，习相远。”这句话是中国传统启蒙教材《三字经》的开篇。意思是说，人在出生的时候，品性都是善良的，但是由于成长过程的不同、学习环境的不同，品性就有了好与坏的差别。

事实上，孩子在小的时候，他对善与恶的认知确实是懵懂无知的。如果有人引导他向善，他就会善良，如果有人引导他向恶，他就会恶毒。相比起恶毒，善良的品性无疑是高阶级的教养。而善良的人，也往往更受人欢迎、尊重。

这是因为善良的人，通常都懂得尊重别人。在与人相处，阐述自己的想法时，我们的内心是希望对方能够认真聆听且得到对方真诚的回应的，因为在我们看来，对方认真的态度、真诚的回应，就是一种尊重。这种尊重，可以令人心灵舒适。而尊重又是相互的，内心善良的人尊重别人，也将得到别人的尊重。

善良的人很有原则，他们坚守道德的底线。善与恶往往在一念之间，但善良的人却很有原则，他们会坚持守住道德的底线。哪怕遇到的诱惑再大，也会尊重本心，不为所动。所以，在生活之中，常常会看到有些人不以利益为上，只做让自己问心无愧的事。而这样的为人处世态度，是极其令人敬佩的。

善良的人总爱乐于助人。善良就像是一颗散发着光与热的小太阳，当人们看到善良的人做善良的事后，内心会感到光明和温暖。就像我有一回坐地铁，当我看到一个少年用并不高大的身躯为一位腿脚不便的老太太挡住人群时，我的心里感到莫名的温暖，并对小男孩的所作所为尤为欣赏。

那么，善良的品性对孩子的重要性有哪些呢？

马克·吐温曾经说过：“善良是一种世界通用的语言，它可以使盲人‘看到’，聋人‘听到’。”这是说，任何人都能够感受到善良，哪怕心肠再坚硬的人碰上了善良的人，内心也会变得柔软。因为，善良就是有一种神奇的魔力，会令人感到亲切，会令人不自觉地想要靠近。可见，人们愿意与品性善良的人交往。所以，善良的孩子都有着极好的人缘。而缘分又能搭建起机遇的桥梁，所以善良的孩子往往能获得更多的机会。

更为重要的是，善良是孩子成长过程中的一盏明灯，能够指引孩子不迷失在黑暗之中。因为，善与恶往往就在一念之间，当孩子有不好的执念，或者是快要误入歧途时，善念能唤醒孩子的良知，使孩子恢复理智，悬崖勒马，重新走上正途。

善良能够令孩子能够获得更多的机会和机遇。很多时候，机会是人给予的，善良的孩子有着好人缘，所以机会必然不会少。此外，善良的孩子善于与人结缘，而缘分又能搭建起机遇的桥梁。

善良是一种优秀的品性，它能够通过言行散发出来。所以，培养孩子善良的品性，是非常有必要的。任何一种品性都不是一朝一夕就能培养成的，它是一个持久的过程。又因为人的品性在少年时期就已经定型了，所以要在孩子品性塑造的关键时期去培养。通常，4岁左右是孩子品性形成的关键期，4至17岁则是孩子品性的定型关键期。

如何培养孩子善良的品性呢？在此之前，先来说说我是怎么培养我的孩子善良的品性的。

在女儿4岁那年，我和她一同观看了一个节目。节目讲述的是生活在山区的孩子上学和生活的经历。

我看到节目里的孩子穿着很破旧，上学需要走上两三个小时的山路，学校也残破不堪，几乎没有教学设施。我不经意地问女儿，要不要拿她的压岁钱，给这些山区的孩子们买一点文具寄给他们。令我没想到的是，我的女儿选择了拒绝，她告诉我，她的压岁钱是用来买芭比娃娃的。她的这个举动让我意识到，她欠缺了善良的品性。

在我看来，善良是一个人为人的重要基础，缺失了善良，心灵会变得狭隘、自私，所以，我从那一天起，开始培养她善良的品性。

就比如为山区孩子捐助这件事，为了让孩子对山区孩子的生活产生共情心理，激发出善良，我让孩子体验了一番山区孩子的生活。我不再开车送她去学校，而是每天早早地将她喊起床，步行近一个小时去学校；她写字用的铅笔，我让她写到彻底抓不住了，才给她换新的；她的书包坏掉了，我给她缝补了一下，继续用；等等。在体验到这些艰难后，孩子终于对山区孩子的生活产生了同情的心理，她主动提出要拿自己的压岁钱帮助那些孩子。

我培养孩子善良的品性，用的是共情法，让孩子处在他人的困境中，体验别人的感受，这样可以激发出孩子的善心。

此外，在孩子小的时候，父母可以培养孩子感恩的心。因为，不懂得感恩的人，内心都是冷漠、自私的。而懂得感恩，内心才会柔软、善良。

父母也要以身作则，在孩子的面前展露善良的一面。孩子的品性与所处的环境息息相关，当他所处的是一个充满爱心的环境，那么他就会成长为一个善良的人。

当然，父母也要教导孩子善良的为人处世的方法，比如，教导孩子不要斤斤计较，告诉孩子吃亏是福，用宽容的心去看待事物，等等。当孩子将父母的教导铭记于心后，那么为人处世时，就会散发出善良的气息。

需要注意的是，父母在培养孩子善良品性时，要培养他们辨别是非的能力。因为，有时候盲目善良，会伤害到自己，真正的善良不是建立在伤害自己的基础之上的。

02/ 面对诚信危机，我们能为孩子做什么

什么是诚信？通常，诚信指两个方面：一是指信守承诺，二是指为人处世真实真诚。简单点说，就是诚实守信。所以，诚信是一种美好的品性。

在生活中，我们常常会看到一些孩子答应了别人的事情做不到或是当面一套背后一套，孩子之所以会有这样的行为，正是因为诚信的缺失。

诚信是一个人最基本的品德，是做人做事、与人交往的前提。一个孩子从小不讲诚信，那么长大后，也无法诚信待人。而缺失了诚信的孩子，其未来也很难成就大事。因为，诚信才是立足的根本。

为什么有些孩子在诚信上有所缺失呢？我总结了一下，大致有这样几个原因：

第一，孩子还分不清什么是想象，什么是现实。孩子的想象力是丰富的，并且在孩子的思维中占据了主导的地位。这就导致，孩子会将自己想象出来的、内心希望的与现实或脑海中的记忆混淆，继而说出或做出不诚实的言行。

在父母看来，孩子的言行是不诚信的，但是在孩子看来，他并没有说谎。因为孩子根本就分不清想象和现实的界限。

第二，孩子辨别是非的能力还不完善。孩子的是非观需要父母去帮他建立，只要先告诉孩子什么是对的，什么是错的，他才知道怎么去做。比如我们带孩子去商店，如果不事先告诉孩子不付钱就拿商品的行为是不对的，那么孩子就不会知道自己不付钱就拿商品的行为是错的。而这样一个错误的行为，在成年人看来，是不诚实的。

第三，孩子受到了所处环境的影响。环境能够直接影响到孩子的品性，当孩子所处的是一个充满谎言、充满虚伪的环境时，那么他也将满嘴谎言，也将虚情假意。所以，父母在看到孩子不诚信的表现时，不妨反思一下自己的言行，是否时常在孩子面前展露自己不诚信的一面。

第四，父母没有及时纠正孩子不诚信的言行。通常，孩子会说谎，会不守诺言，是带有目的性的。当孩子有不诚信的言行时，父母没有及时纠正，就会令孩子尝到不诚实守信的甜头，并认为不诚实守信没什么大不了。当孩子将说谎、不守诺言发展成为习惯，将彻底沦为一个不诚信的人。

人无信而不立，诚信是中华民族的传统美德，是每个孩子都需要具备的优良品性。因为，不管是在家庭中，还是交友上，或是孩子日后步入社会与职场，都需要诚信帮助他安身立命。

如何培养孩子的诚信？我有以下几个建议：

首先，要从小去培养孩子的诚信。诚信作为一种品质，也需要从孩子小的时候开始培养。只有当诚信深入孩子的骨髓之中，他才能做到一言一行透露出诚信。所以，在孩子2岁左右觉醒自我意识时，就可以向孩子灌输诚信的思想观念了。

平时，父母要教导孩子诚实守信的原则，比如要求孩子从小说真话，答应了别人的事情一定要做到，等等。对于他人的缺乏诚信的表现，要态度鲜明地去批评，让孩子更深刻的认识诚信。

其次，为孩子塑造一个诚实守信的环境。如我先前所说，4岁是孩子品性形成的关键期，让孩子处在一个诚实守信的环境中，有利于培养孩子诚信的品质。父母作为孩子的第一任老师，是孩子最亲近的人，需要再孩子面前展示诚信。因此，答应孩子的事，一定要兑现；如果不能兑现，也要向孩子解释和道歉。

再次，及时指出孩子的不诚信，并进行纠正。很多时候，孩子对自己的不诚信是不自知的，而无法认识到自己的错误，就无法去改正。所以，父母需要关注孩子的言行，当发现他们有不诚信的言行时，要及时地指出，并告诉孩子正确的做法。

最后，让孩子体验不诚信的后果。让孩子重视诚信的最有效快捷的方法之一，就是让孩子品尝到不诚信，尤其是对有前科的孩子来说更加有效。

就像我的女儿，她有一段时间答应我的事总做不到。哪怕我对她不诚信的言行进行了批评，她当时不会再犯，但过几天后，又恢复原样。我意识到，她并没有重视起诚信。为了让她重视诚信，我便以其人之道还治其人之身。

我对孩子许诺，如果她在期末的考试中，能够考出一个好成绩，我就答应给她买心仪已久的溜冰鞋。孩子在我的承诺下，发奋学习，考了一个非常不错的成绩。当她向我提出，让我给她买溜冰鞋时，我拒绝了。当她指责我不信守承诺时，我也一一罗列出她当初的不诚信的言行。当孩子体验到不诚信的后果后，她才重视起了诚信。

有教养的孩子，都会有诚信这一优良品性。所以，在教养孩子时，父母必须要培养孩子诚信的品质。

03/ 那些谦虚的孩子后来怎么样了

每个孩子都有表现欲，想要获得他人的夸奖，这一点无可厚非。但是，为了得到夸奖而过分地夸大自己，那就有些不可取了。因为，人们打心眼里反感骄傲、自负的态度，偏爱的是那些谦虚的孩子。

什么是谦虚？它是指不夸大自己的能力与价值，不鲁莽或一意孤行。所以，谦虚是一种态度，是一种品性，更是一种礼仪。

有教养的孩子，都会有谦虚的品性，他们不会在别人面前自吹自擂，面对别人的夸奖时，也会真诚地感谢，并表现出受之有愧。那么，那些谦虚的孩子，后来怎么样了呢？

谦虚的孩子会成长为一个受人尊敬的人。骄傲自负的人，会给人一种名不副实感，令人觉得很不靠谱。反倒是谦虚的人，让人觉得成熟稳重。所以，谦虚的人能够给人留下好印象，更受人尊敬。

谦虚的孩子，日后身边会朋友如云。骄傲自负犹如一片荆棘，令人不敢靠近的同时，心生警惕和厌恶，而谦虚犹如一片柔软广阔的草坪，令人心里感到舒适，忍不住想要靠近。这是因为骄傲自负给人一种压迫感，而谦虚则给一种与世无争的平和感。所以，谦虚的人往往受人喜爱，能够轻松获得一段段友谊。

谦虚的孩子会不断进步，最终成为优秀的人。有句格言："虚心使人进步，骄傲使人落后。"就是说，谦虚的人会不断地丰富自己。并且，人们在遇到优秀的人时，不自觉地倾囊相授。所以，谦虚的孩子能够学到各种各样的知识，在不断地进步，成为一个出色的人。

谦虚能够给孩子带来很多的益处，所以它是孩子成长道路中，不可缺少的品性之一。所以，父母需要帮助孩子养成谦虚的好品质。

如何帮助孩子培养成谦虚的好品性呢？

我在发现女儿有骄傲自负的倾向时，我带她认知这个世界上比她厉害的人比比皆是。

我的女儿很喜欢数学，在某次市里举办的少儿数学竞赛中，她获得了第一名。这个荣誉让她骄傲自满起来，不管是遇到长辈，还是同龄的小伙伴，都会向他们夸耀一番自己的荣誉，有时候还会卖弄一下自己的数学水平。

尽管我批评了她不谦虚的行为很多次，但孩子沉溺于别人的夸奖中，不愿意走出来。后来，我将她送去了辅导机构的奥数班。

奥数班里的每个孩子都获得过很多的奖项，他们非常聪明。当老师带着我的女儿参观时教室时，女儿看到墙面上贴着的一面面奖状，橱窗里摆放着的一个个奖杯时，她猛然意识到，这个世界上比她厉害的人有很多。如果某一天她在这些比她厉害的人面前自夸自耀，无疑是班门弄斧。

当我的女儿知道天外有天人外有人的道理后，再也不在别人面前自吹自擂了，当她接触优秀的人越多，她就会越发谦虚。

可见，让孩子意识到这个世界上比她厉害的人有很多，能够帮助孩子纠正骄傲自大的陋习，养成谦虚的好品性。

除此之外，让孩子认识到骄傲自满的危害，也能帮助孩子养成谦虚的品性。俗话说“吃一堑，长一智”，只有让孩子在他骄傲自满的事情上栽一个跟头，他才会认识到骄傲自满的危害，继而改变思想，变得谦虚。所以，父母可以人为地制造一些跟头。

父母过多的表扬，会令孩子骄傲，所以，控制对孩子的表扬频率，也能够帮助孩子养成谦虚的好品性。对此，父母不要看到孩子做了一点小事，就给予孩子表扬，因为这会增长孩子的虚荣心。需要注意，表扬和批评是相生相伴的，对孩子适当的批评，也能够让孩子变得谦虚。

父母帮助孩子正确地认识自己，也有利于培养孩子谦虚的品性。很多时候，孩子骄傲自大，是因为没有认识到自己的不足。当孩子能够认识到自己的优点和缺点时，就不会那么教导自大了。所以，父母需要引导孩子去正确地认识自己。

当然，让孩子在谦虚有礼的环境中成长，也有利于培养孩子谦虚的品性。所以，父母要以身作则，要在孩子面前展示谦虚的一面。

04/ 清理认知的“毒”，孩子才不会“独”

有教养的孩子，非常受长辈和同龄小伙伴的喜爱，而缺乏教养的孩子，就不那么受人喜爱了，他们常常行单只影。

这是因为，有教养的孩子身上有诸多美好的品性，这些品性就像是吸铁石，能够将他人吸引到身边来；而缺乏教养的孩子，身上有诸多不美好的品性，这些品性令人感到厌恶，不愿靠近，而孤独又会给孩子带来诸多的负面影响。

首先，会令孩子的性格会逐渐变得孤僻。孩子的性格受到了环境的影响，当孩子长期处在孤独的环境中，他的性格会变得孤僻、自闭。越是孤僻，就越不愿与人相处，如此陷入恶性循环当中。

其次，会令孩子的生活一团糟。人是群体动物，每个人都离不开他人独立存在。当孩子被孤立后，他的生活将无法有秩序地进行下去。我举一个很简单的例子，孩子因为诸多不好的品性，成为班级中的独行侠，那么其他孩子就不愿意与他同桌，不愿意与他组成兴趣小组，这会令孩子的校园生活变得一团糟。

最后，会令孩子的成就有限。有调查报告表明，一个人的成功20%是靠自己的能力，其余80%是靠人际关系。孩子有多大的人际关系，就会有多少机会和机遇。而机会越多，机遇越多，成功的可能性就越大。所以，孤独会限制孩子的成就。

父母不想让孩子孤独，就要清理孩子认知中的“毒”。这里的“毒”，是指孩子错误的思想观念导致的不好的品性。

那么，孩子身上不好的品性有哪些呢？只有先知道这些不好的品性，才能有针对性地纠正，建立起好的品性。

通常，孩子身上不好的品性有不守信用、自私自利、懒惰、吝啬、斤斤计较、虚伪、骄傲自大，等等。这些不好的品性，形成的原因有：

图6-2 “溺爱”带来的负面影响

父母的溺爱。很多孩子在生活4+2+1的家庭结构中，祖辈和父母的溺爱，使得孩子获得的东西都是最好的。当孩子觉醒了自我意识后，溺爱会使孩子以自我为中心，凡事只想着自己，不会为别人着想，变得自私自利。父母对孩子的溺爱体现在为孩子大包大揽上，这会使孩子变得懒惰、父母的溺爱也表现在对孩子频繁的夸奖上，这会使孩子骄傲自满。

与孩子所处的生活环境有关。环境能直接影响到孩子的品性，当孩子所处的是一个人人都带着虚假面具的环境，那么孩子就会变得虚伪；当孩子所处的是一个充满谎言的环境，孩子也将满嘴谎话，不守信用。

美好的品性就像是春日里的阳光，让人觉得温暖；而不好的品性就是原始森林中的瘴气，让人感觉窒息。所以，人们不愿意与品性不好的人交往。那么，父母该如何帮助孩子清理认知中的“毒”呢？

在看到孩子有不正确的言行时，要及时指出，并纠正过来。一个人的思想观念与习惯一样，也是周而复始形成的。当我们看到孩子有不好的言行时，如果不及时指出，孩子会认为她的言行是没有问题的，之后会再犯。在重复多次后，就演变成了不好的品性。所以，父母需要关注孩子的一言一行，在纠正错误的言行的同时，也要告知孩子正确的做法。

给孩子建立正确的三观。三观是指人生观、价值观和世界观，三观决定了人的为人处世的态度，也直接决定了人的品性。

我举一个例子，当一个人认为金钱大于一切时，那么他会为了金钱背信弃义，自私自利。而金钱大于一切这个思想观念，显然不是正确的三观，会令人形成不好的品性。所以，父母在教养孩子的时候，一定要向孩子灌输正确的思想观念，建立起正确的三观。有了正确的三观，一切不好的品性才会离孩子远远的。

这是个人与人组成的社会，只有融入集体，生活才能温暖而美好。所以，我们的孩子需要清理认知中的“毒”，拒当一名独行侠。

05/ 彼此尊重，是最理想的教养

在生活中，孩子的某一些行为，极其令人反感，比如当他人认真地与孩子说话时，孩子总表现得心不在焉；当孩子与长辈相处时，总表现得没大大小；当孩子和同学、小伙伴在一起时，总喜欢给他人起外号；等等。这些行为都是不礼貌的，是缺乏教养的，所以这样的孩子令人感到不讨喜。

孩子的这些行为问题出在了哪儿？其实是出在了他们不懂得尊重人上。尊重是一种礼仪，一种优秀的品质，也是人与人交往的前提。只有先尊重他人，才能得到他人的尊重。所以，那些不懂得尊重人的孩子，也得不到他人的喜爱。

为什么我们的孩子不懂得尊重人呢？这需要我们的父母从自己的身上寻找原因。因为，孩子不懂得尊重人，很大程度上是受到父母的言行的影响。

孩子在什么样的环境中成长，就会有什么样的品性。所以，当孩子处在不受人尊重的环境中，也会不懂得尊重人。那么，父母的哪些言行令孩子感觉不到受尊重呢？

当父母用命令的口吻教孩子做事时，孩子感受到了不尊重。不可否认，孩子很顽皮，有时候用平常的语气说一遍两遍，并不能让孩子去执行。当父母失去耐心后，就会不自觉地用命令的口吻要求孩子去执行。父母在见到命令的口吻很有用后，便会将用命令的口吻与孩子说话当成了常态。这样的命令，令孩子感觉不到被尊重。

当父母用高高在上的态度与孩子相处时，孩子感受不到尊重。很多父母将长辈的架子端得高高的，并认为这样有利于教养孩子。这样做，确实能够让孩子听教。但是，却会让孩子的身心处在不健康之中。因为，孩子会觉得父母不尊重自己。

当父母对孩子过度保护或大包大揽时，也会让孩子觉得自己没受到尊重。父母将孩子照顾得无微不至，一来是对孩子的宠爱，二来是担心孩子做不好。但对孩子来说，当他萌发了自主意识后，他想要学习独立，想要去探索外界。所以这个时候父母的包办，会令孩子觉得自己不被尊重。

最令孩子感到不受尊重的是，父母的打骂与过度训斥。因为，父母打骂或过度训斥的行为，不仅不伤害孩子的自尊心，还会给孩子留下心理阴影。

在亲子关系中，孩子不仅仅是孩子，他也是个独立体，需要被尊重。只有让孩子先感受到被尊重，明白什么是尊重，他才懂得去尊重他人。

父母怎么做才能令孩子感到被尊重呢?

要将孩子放在同等的位置上相处。

不管是和孩子交谈，还是让孩子去做某件事时，都需要先询问孩子的想法。当孩子感受到父母的尊重后，自然而然会去执行。

孩子每一个成长阶段，会有不同的变化。所以，我的女儿有一段时间，特别有想法，歪理特别多。我在失去耐心之下，不禁用命令加威胁地口吻与她说话，比如我让她整理自己的玩具时，我会让她立马将玩具整理好，否则就不准看电视。每一次，她都不情不愿地去做。

令我没想到的是，女儿受到了我的影响，她在与小伙伴玩耍时，不禁也用起了命令加威胁的口吻。比如她和小伙伴玩扮演类的游戏，她会直接分配小伙伴扮演的角色，不管小伙伴的意愿。

所以，将孩子放在同等的位置上相处，就是要聆听孩子的建议、给孩子做主的机会、尊重孩子的选择等等。

父母对孩子最理想的教养，就是与孩子之间相互尊重。尊重是相互的，当你对孩子尊重，孩子才会去尊重你，才懂得去尊重他人。

第七章 谈价值观不是谈判，先一致才能谈沟通

教养孩子时，最忌讳的是让孩子听到两种声音。因为，这不利于孩子价值观的建立。父母需要明白，价值观能直接影响孩子的人生，所以在教育孩子时，父母需要先统一观点，然后再去教导孩子。

为何别人的育儿经养不好你的孩子

如果说为人父母是一种技能，那这个技能是很多父母愿意花费时间和精力去学习的，因为每一位父母都想教养出一个出色的孩子。

在我的身边，有些父母在看到其他父母教养出优秀的孩子后，会和对方聊育儿经，并将对方的教养方法记下；有些父母会咨询育儿专家，学一些不错的教导孩子的方法；有些父母会订阅大量的育儿公众号或是逛育儿论坛，吸取各种教育孩子的方法和技巧。

然而，当父母将新学来的育儿经用在自己的孩子身上时，不仅发现没起作用，反而还起了反作用，令孩子越发难以教养。

为什么别人的育儿经养不好你的孩子？这是我要说的又一个教养的本源。

在这个世界上，每个孩子都是独一无二的，他们性格、喜好不同，成长轨迹不同，所遇到的人或事也都不同，所以对某一孩子管用的教养方式，用在其他孩子的身上，就起不了作用。

我举一个简单的例子，一个在顺境中成长的孩子，如果立马对他进行逆境教育，孩子不仅不能提升意志力，反而会被打击得一蹶不振。相反，对一个一直在逆境中成长的孩子实施逆境教育，会令孩子越挫越勇。

在教养孩子的方法上，没有哪种方法是绝对错误的或绝对正确的，只看怎么使用，使用在什么样的孩子身上。

父母需要知道，教养孩子的方法是私人订制的。只有适合你的孩子的教养方法，才能将孩子教养成人。

01/ 一个唱红脸，一个唱白脸，孩子一脸懵

在中国传统戏剧中，有“红脸”和“白脸”的脸谱。通常，“红脸”是奸臣或坏人，“白脸”是忠诚或好人。后来，戏剧中的红脸和白脸，被用在了教养孩子上，发展成了“脸谱式教育”。

脸谱式教育是指，父母在教育孩子的时候，一个扮演红脸，一个扮演白脸。扮演红脸的人在教育孩子的时候，表情严肃，语气严厉，看上去极不好说话；而扮演白脸的人在教育孩子时，表情温和，语气也非常温柔。

我举个例子，当带孩子去图书馆时，孩子大声宣泄，东跑西窜。这样的行为是缺乏教养的，父母需要对孩子的行为进行教导。如果说，爸爸扮演红脸，那么就会严厉地批评孩子，言语非常犀利，甚至有时候还会对孩子动用武力。而妈妈则会扮演白脸，会安慰孩子，会为爸爸严厉的言行进行解

释，将孩子从恐惧的情绪中抽离。

脸谱式教育，确实能够让孩子不再犯同样的错误。但是，这样的教养方法，真的对孩子好吗？答案是否定的。

在说脸谱式教育给孩子带来的危害前，我们先来了解一下脸谱式教育发挥作用的机制是什么。

就像我先前举的例子，在孩子犯错误时，扮演红脸的爸爸狠狠批评孩子，会让孩子产生恐惧的情绪。而扮演白脸的妈妈温柔地安抚孩子和讲道理时，又会令孩子产生内疚的情绪。最终，孩子不敢再犯。可见，脸谱式教育是利用孩子的恐惧、内疚等多种负面情绪产生作用的。

脸谱式教育是利用情绪让孩子服从的，但事实上，孩子并不能清楚、深刻地明白父母说的道理。所以，在短时间内，孩子不会再犯同样的错，但是时间一长，又会重蹈覆辙。所以，脸谱式教育产生的作用有时效限制。

在教育界，很多教育学家并不提倡对孩子使用脸谱式教育，因为这种教育对孩子来说，是弊大于利的。

孩子很聪明，当他分辨不清自己做的事情是对是错时，他会根据父母的态度来判断事情对错。父母严厉的态度，会令孩子明白他做错了，父母温和的态度，会令孩子觉得他就算做错了也没什么。在脸谱式教育中，父母对孩子的教育态度是不同的，严厉和温和两种态度令孩子根本分不清自己是对是错。所以，脸谱式教育有碍于孩子是非观的形成。

孩子处在什么样的环境中，就会形成什么样的性格。脸谱式教育塑造出的是一个情绪多变的环境，孩子在这样的环境中成长，情绪也会喜怒无常，性格自闭而暴躁。所以，脸谱式教育也不利于孩子性格的发展。

在亲子关系中，谁对孩子好，孩子就会跟谁亲近。在脸谱式教育里，通常父母中的一个对孩子严厉，一个对孩子温柔。长此以往，孩子就会疏离对他严厉的人，亲近对他温柔的人。这不仅会令父母与孩子之间的亲子关系出现间隙，也不利于孩子人格发展。

图7-1 “脸谱式教育”的弊端

脸谱式教育除了会给孩子带来诸多弊端外，也会给家长带来很多的困扰，首当其冲的就是影响夫妻关系。因为，谁都不想每次当恶人。那么在争夺红白脸的角色时，就会出现争吵。当孩子看到父母争吵后，就会没有安全感。

那么，在面对孩子犯错时，父母该如何教养孩子呢?

首先，父母的观点要达成一致。教育孩子最忌讳的就是观点不统一，因为这会令孩子不知道听谁的好，也分辨不出自己做的事是对是错。在观点不统一的时候就去教育孩子，不仅起不到好的教育效果，反而还会起反作用。只有父母在观点一致的情况下去教育孩子，孩子才知道对错，知道错在哪儿、该怎么做。

其次，让孩子看到父母的多面性。孩子是欺软怕硬的，谁对他严厉，他就怕谁，谁对他宽容，他就不怕谁。在脸谱式教育中，如果妈妈长时间温和地教导孩子，孩子就不会将妈妈的话放在心上，妈妈对孩子的教育就会不见成效；如果爸爸长时间严厉地教导孩子，孩子迫于害怕，会听爸爸的话，但不敢亲近爸爸。所以，脸谱式教育会令孩子朝着两个极端发展。父母需要向孩子展示自己的多面性，让孩子知道妈妈也有严肃的一面，爸爸也有温和的一面。孩子在平衡的环境中成长，身心才会健康。

虽然脸谱式教育给孩子带来的弊端要大于利端，但它也有可取之处的，关键要看父母怎么使用。

02/“拆台式”教育，是灾难

在很多家庭中，时常会出现这样一幕：当爸爸教育孩子的时候，如果爸爸说了很严厉的话或是要惩罚孩子，孩子就会跑去找妈妈，并让妈妈去对付爸爸。孩子为什么会有这样的举动？这是因为，这样的家庭时常上演“拆台式”教育。

什么是拆台式教育？它是指在教育孩子的时候，一方说好，一方说不好，或者是一方说对，一方说错。简而言之，就是在孩子面前展现不统一的意见。

通常，拆台式教育会发生在父母之间或父母与祖辈之间。比如孩子想看电视，爸爸让孩子写完作业再来看，妈妈却让孩子看完电视再去写作业。又比如孩子想要吃糖果，父母担心孩子会有蛀牙，不许孩子吃。但爷爷奶奶却让孩子吃，并认为吃点糖没什么。

也正是因为父母之间拆台、父母与祖辈之间的拆台，使得孩子在面临批评或惩罚的时候，去搬救兵。

拆台式教育能够养出如小人精一般的孩子。当孩子发现谁偏向自己，就会和谁亲近，并且，他们会利用偏向自己的人去对抗训斥自己的人。

在我的家庭中，也有隔代亲的现象。每当我教训孩子的时候，我的父母会看不过去。他们有时候会当着孩子的面，指责我太过较真，有时候会直接将孩子带离我教育她的战场。这种拆台式教育，使得孩子懂得了喊爷爷奶奶来帮助他，压制我。比如孩子吃饭很慢，总是心不在焉，当我板着脸让孩子吃快点时，孩子会含着眼泪告诉爷爷奶奶她吃不快。孩子的爷爷奶奶看到孩子可怜巴巴的模样后，会一边哄孩子，一边反过来批评我。

在拆台式教育下的孩子，确实很聪明。但是，孩子的聪明全都用在了制造家庭矛盾上，用在了如何逃避错误上。所以，拆台式教育不仅教育不好孩子，还会令家庭关系出现隔阂。当孩子长大后，也会成为两面三刀的人，而这样的人是极不讨喜的。

拆台式教育也会给孩子带来其他的危害，比如会令孩子缺乏安全感，心灵变得敏感脆弱。

在拆台式教育中，父母的意见是不统一的，是存在分歧的，为了说服对方，不可避免会出现争论，甚至是争吵。而父母在孩子面前争吵，是不利于孩子身心发展的，会令孩子缺乏安全感。尤其是对心思敏感的孩子来说，他们会很自责，会固执地认为父母的争吵是因为他，继而越发自闭、孤僻。

拆台式教育还会令孩子丧失自主能力。心理学上有一个手表定律，它是说当一个人拥有两块以上的手表时，不仅不能准确地判断出时间，还会对时间产生混乱感。当孩子长时间处在拆台式教育中，父母的意见不统一，会令孩子无法判断出自己的所作所为是对的还是错的。长久以往，孩子就会丧失自主能力，不知道判断事物的好坏与对错，不知道做出选择。

因此，在教养孩子的时候，一定要避免出现拆台式教育。那么，家长需要怎么做?

在父母共同教育孩子时，要保持意见统一。其实，不只是孩子，我们成年人在同一件事上听到两种声音，也会纠结该听哪个声音。孩子因为年龄小，欠缺判断力，更不知道该听谁的。所以父母在教育孩子的时候，可以先商量一下，等意见达成一致后再去教育孩子。有一点需要注意，如果在商量的过程中出现分歧了，不要当着孩子的面爆发出来，可以在私底下去商讨。

在教育孩子的时候，可由一方去教育。对于一些孩子犯下的小错或是教导孩子某些道理时，父母没有必要轮番上阵，或者是同时去教育孩子，因为一来会令孩子产生恐惧情绪，二来会令孩子厌烦。所以，父母可以商量好，由一方去教育孩子，而这也能很好地避免被拆台。

父母要与孩子的爷爷奶奶沟通好，以免被他们拆台。在很多家庭中，祖孙三代居住在一起，那么不可避免会出现父母教育孩子被祖辈拆台的情况，这同样会给孩子带来灾难。对此，父母可以在祖辈不在场的情况下教育孩子。当然，最好的方法就是父母与孩子的爷爷奶奶约法三章，告诉他们拆台式教育对孩子的危害，这样祖辈就会收敛自己的言行了。

03/ 价值观教育应成为“开学第一课”

一块石头，在艺术家看来是一个艺术品；在商人看来是一块价值连城的宝石；在普通人看来是一块平平无奇的石头。一棵参天大树，在木匠看来是一根栋梁；在农民看来是一块遮阳妙地；在画家看来是眼前风景的一部分。

相同的事物，为什么在不同的人眼中有不同的看法呢？这是因为价值观的不同。

什么是价值观？是指人在思维感官的基础上作出的认知、理解、判断或选择。不同的社会阶级，会有不同的价值观念。

那么，价值观是怎么产生的呢？任何一种思想在没有被绝对否定之前，这一思想所形成的体系，如视角、背景、判断和存在的意义，都具有一定程度的客观价值。客观价值的高低取决于这一思想被认可的程度有多高、意义有多大。所以，一个思想的程度越高，意义越大，可观价值就越高，这也是价值观的由来。

我们的孩子虽然小，但是也有价值观。因为所处的环境、接受的教育不同，他们的价值观也不同，所以看待事物的想法也不同。我举个孩子对钱的看法的例子，如果孩子在从不缺钱的环境中成长，接受的是钱没什么大不了的思想教育，那么孩子就不会对钱看得重；如果孩子从小在缺钱的环境中成长，接受的是金钱至上的思想教育，那么孩子就会对钱格外看重，会吝啬而抠门。

价值观的不同，能够影响到孩子对事物的判断。如果孩子的价值观是错误，那么也将作出错误的判断。而这对孩子日后的成长与发展是极其不利的。

因为，价值观具有稳定性、持久性和主观性的特征。这是说，当孩子形成一个价值观后，不管这个价值观是好的还是坏的，都将驱使孩子以这个价值观去看待事物。价值观会在孩子的脑袋中扎根发芽，即使孩子长大，也将基于这个价值观去为人处世。

在看到价值观对孩子的影响如此之深远后，可见帮助孩子建立正确的价值观尤为重要。价值观教育被众多的教育学家认为是孩子的“开学第一课”。这里的“开学第一课”，并不是指孩子进入学校后上的第一课，而是指孩子有学习能力后上的第一课。

通常，孩子2岁左右时，就会萌生自我意识。而这个时期，是给孩子灌输正确的价值观的最佳时期。因为，这个时期的孩子思想上犹如一张白纸，父母在上面写什么就是什么，会令孩子按照父母灌输的价值观去为人处世。

父母在对孩子展开价值观教育前，有几点需要注意：

第一，父母要自查自己的价值观。在孩子的成长生涯中，他的价值观的形成与父母的教育、学校的教育，以及与外界环境的影响息息相关。

如果说，孩子价值观的教育是一场接力长跑，父母作为孩子最亲近的人，作为孩子的第一任老师，是这场接力长跑的第一位选手。父母灌输的价值观中如果存在错误的观念，如果在后期的价值观教育中没能纠正过来，那么会影响孩子的未来。

因此，父母需要先自查自己的价值观，如果发现自己有错误的观念，要及时纠正过来，然后再灌输给孩子。与此同时，父母无意识的言行也能够潜移默化地影响着孩子的价值观，所以要自查自己的言行是否有不当的地方，如果有，也要及时纠正。

第二，多关注孩子，及时纠正孩子错误的价值观。孩子的价值观受到了大环境的影响，除了父母给他们灌输价值观外，他们通过对外界环境的观察，在玩伴、其他亲属，甚至是陌生人身上，也能学习到价值观。这些价值观中，难免有错误的观念。

就像我的女儿，我从前带她去商场时，她从不主动要求我给她买什么。但是有一次，孩子为了买一款玩具，不惜在商场内哭闹打滚。她的行为并没有令我松动，因为我深知，我妥协了一次，她会越发变本加厉让我再次妥协。

回到家后，我问孩子为什么要在商场内哭闹打滚。孩子告诉我是她的小伙伴告诉她的。小伙伴告诉她，每一次他在父母面前哭闹，就能得到自己想要的东西。我的女儿受到小伙伴观念的影响，也对我使用了这招。

很显然，用哭闹的方式从父母手中获得自己想要的，这样的思想观念是错误的，是不可取的。所以，我及时纠正了女儿的观念。

之前我说过，孩子的习惯在少年时期就定型了，同样的，孩子的价值观在少年时也会定型。在孩子成长的过程中，作为父母的我们，要多多关注孩子的思想观念，帮助孩子建立正确的价值观，纠正错误的价值观。

04/ 最好的家庭教育：父母不双标，孩子有目标

教养孩子时，孩子只有先听教，才有可能成为有教养的人。但是，很多父母在教养孩子时，都碰到了孩子不听教这个大难题，比如让孩子早睡，孩子总是半夜三更还不睡，日上三竿还不起；让孩子吃饭时不要看电视，孩子就是不听；等等。

孩子不听教的行为无疑会使父母愤怒，父母在愤怒之下又会批评孩子。然而，你会发现，你的愤怒除了能使孩子短时间听教外，它会带来更多的弊端。

因为，孩子会听教是迫于对父母怒火的恐惧，事实上他并没有将父母的说教放在心上，等时间长一点，他又会故态复萌。同时，简单粗暴的教育方式会破坏亲子关系的发展，令孩子不愿意亲近父母。

这样负面的影响，是每一位父母都不愿意看到的。那么，为什么我们的说教对孩子不管用呢？其中最大的一个原

因就是，父母对孩子实施了双标教育。

所谓的“双标”，是指同一件事，对不同的人有着双重标准。比如在教育孩子的时候，你要求孩子吃饭不看电视，但是在孩子面前却自己边玩手机边吃饭；你要求孩子做事不拖拉，但是自己做事情却拖拖拉拉；你要求孩子晚上早点睡，自己却玩手机到半夜三更。你要求孩子做到的事情，自己却做不到，孩子又怎么会做到呢！所以，你对孩子的教育不起效，也在情理之中。

可能很多父母会觉得，自己在平时给孩子树立了好的榜样，但是孩子依然不听教。那么我需要问你一个原始的问题：在孩子出生时，你希望孩子未来的人生是怎样的？很多父母的答案是希望孩子健康快乐。

但是，随着孩子成长，父母对孩子的期望有了改变，期望孩子成为一个多才多艺的人。在帮助孩子成才的路上，会给孩子学习各种才艺。有调查数据显示，父母要求孩子学习的才艺，绝大多数是父母没能完成的理想。父母潜意识里想要让孩子帮自己实现。其实，将自己没有完成的事强加到孩子身上，这本身就是双重标准。

孩子对事物的认知，是源于对外界事物的模仿，而父母是孩子首要模仿对象。因此，不管父母的道理说得有多动听，只要父母没有做到，孩子也基本难以做到。

父母对孩子的双重标准，也会给孩子带来很多的危害，比如会令孩子没有担当。一个有担当的人，能够克服生活中的各种困难。而没有担当的人，则会被困难击倒。父母的双重标准，会令孩子丧失担当。因为，父母要求孩子有担当，但在孩子面前不去担当，那么孩子也将学不会担当。

有时候，孩子会对父母的双重标准提出质疑，质疑父母为什么会做不好。而父母会用各种理由为自己的做不到开拓。这种行为，其实也是缺乏担当的，当孩子做不到时，也会为自己找开脱的理由。

父母的双重标准也不利于孩子价值观的建立。很多时候，同一件事如果发生在别人身上，父母会告诉孩子这件事是错误的，但发生在自己孩子身上时，因为过于溺爱孩子，就会安慰孩子没有关系，告诉孩子没事。这样的双重标准，会令孩子分不清事情的对错，无法形成正确的价值观。

更为重要的是，父母的双标会令孩子没有目标。孩子小的时候，会通过对外界事物的观察，来学习为人处世的道理。如果父母总在孩子面前对不同的人实施不同的标准，就会令孩子不知道怎么做。随着孩子长大，他也将浑浑噩噩，没有目标。而没有目标的孩子，是极其悲哀的。

最好的家庭教育，就是父母不双标。如何做到不双标？

（1）给孩子制定的标准，父母也要做到。

父母是孩子的榜样，是孩子执行的动力，这是说，父母给孩子制定标准后，自己带头去做，孩子会跟着去做，并努力做到。从心理学上来说，这是一种亲子同步效应。

就像我的孩子，我让孩子单独完成洗漱时，她表现得非常抗拒，做得也差强人意。但我与孩子同步执行洗漱时，孩子会格外有动力，做得非常好。这便是亲子同步效应的魔力。

（2）根据孩子的实际情况去制定标准。

标准就像是孩子的目标，如果目标过大过远，会令孩子望而却步。当孩子达不成目标后，会非常沮丧，会丧失自信心。父母在孩子还不懂得为自己设定目标时，可以帮助孩子建立目标，但是建立的目标要基于孩子的实际情况之上。只有当孩子达成了目标，才有动力去执行下一目标。

05/ 先正己，而后影响后代

一个孩子是否有教养，不在于父母的评判，而是在于他人的评判。因为，孩子的思想观念绝大多数传承于父母，当父母的思想观念出错时，给孩子建立的也将是错误的思想观念。

在错误的思想观念下，孩子的一些言行也将是错误的。但是，父母由于没能发现自己的思想观念存在错误，那么也将发现不了孩子的言行存在错误。所以，在你眼中，自己的孩子是优秀而有教养的，但在其他人眼中，你的孩子并不优秀，也缺乏教养。

更为重要的是，错误的思想观念，有时候会给孩子带来不可磨灭的伤害。

比如我的身边有一位妈妈，她告诫自己的孩子在学校里不要惹事。这样的思想观念使得她的孩子在学校遭遇了同学的欺负后也不去反抗。越是不反抗，遭受到的欺负就越多。同时，孩子也不敢告诉妈妈她在学校里的遭遇。直到这位妈妈发现孩子的书本被小刀划破，孩子变得沉默寡言起来，细问之下才知道了孩子的遭遇。

这位妈妈的思想观念错在了不完整上。而完整的思想观念是：不要在学校里惹事，但事情主动找上自己也不要怕，在自己解决不了的情况下，要告知父母和老师。

之前我说过，价值观有持久性、稳定性的特征，当错误的思想观念在孩子的脑海中扎根后，将很难去纠正。所以父母在给孩子建立思想观念前，要先自省自己的思想观念，再纠正自己错误的思想观念后，才能灌输给孩子。

在《论语·子路篇》中，有这样一段话：

子曰："其身正，不令而行；其身不正，虽令不从。"

子曰："苟正其身矣，于从政乎何有？不能正其身，如正人何？"

前一句的意思是说，自己言行端正，就算不发布命令，别人也会服从；自己的言行不端正，就算发布了命令，别人也会不服从。后一句的意思是说，如果端正了自身的言行，治理国家有什么难的？如果不能端正自己言行，又怎么能使别人端正？

伟大的教育家孔子也在告诫人们，正人要先正己，而后影响后代。当父母给孩子灌输的是正确的思想观念，孩子在正确的思想观念指引下，将做出有教养的言行。

那么，父母该如何正己呢？

父母要先观察自己的言行，并纠正错误的言行。因为，父母的言行能够建立孩子的思想观念。

一个人的言行是由思想观念衍射出来的。父母通过观察自己的言行，能够发现自己的思想观念存在的问题。比如，父母在平时对自己的父母不尊重，那么孩子也会不尊重爷爷奶奶，甚至在孩子长大后，也会不尊重自己的父母。所以父母要注意自己的言行，及时纠正错误的地方。

父母要自省自己的思想，虚心听从别人的指教。自省能够令我们揪出一些错误的思想观念，而剩余无法揪出的，可以虚心听一听他人的点评。

一个人的点评，无法令你信服的话，可以多听几个他人的点评，当大家都指出你的某个思想观念是错误的，那么就要审视自己的这个思想观念了。

正确的思想观念能够令孩子受益一生，而错误的思想观念则会令孩子受害一生。正人先正己，父母先正好自己的思想，才能给孩子灌输正确的思想。

06/ 真正的教养，是人前操持，人后慎独

什么是真正的教养？

在本书开篇的时候，我阐述过教养的含义，它是指人的文化和品德的修养。真正的教养是无法伪装的，一言一行都出于本心。所以，当你的孩子人前人后表里不一时，那么只能说明，你的孩子依然缺失教养。

有数据显示，在中国的独生子女当中，有60%的孩子存在不同程度的表里不一的现象。这也能直接说明，这些孩子的教养是不达标的。

孩子是怎么表现出表里不一呢？最典型的表现是，人前

表现出好的一面，人后表现出不好的一面。不可否认，孩子表里不一的表现，有时候确实能够获得他人的好感。但是，一旦被他人发现好的一面是伪装出来的，那么好感会立马消失，厌恶度增加。

我曾经给孩子灌输了一个“哪怕不喜欢，也不要拒绝别人好意”的思想观念，我认为这样的做法是有教养的。但是之后发生的一件事，让我知道我的思想观念是错误的，而孩子在这样的思想观念中做出的行为，并不是真正的教养。

那一天，我带孩子去朋友家做客。朋友的孩子出于对我的孩子的喜爱，将自己最喜欢吃的糖果与我的孩子分享。糖果是牛奶味的，我的孩子并不爱吃。但出于礼貌，他伸手接了过来，剥开后放进了嘴里，并向对方道谢。

后来，我的孩子悄悄将糖果吐进了垃圾桶内。不巧的是，他的这个行为被小朋友发现了。小朋友看到我的孩子吐掉的糖果后，她很难过，质问我的孩子为什么要吐掉，并表示不再喜欢我的孩子。

正是这件事，让我意识到，我让孩子“不喜欢也不要拒绝别人的好意”的思想是不对的。因为这样的表现是违心而不真诚的，是缺失教养的，反倒是“不喜欢，感谢一番后再委婉拒绝”更显得真诚，有教养。

通常来说，孩子会有表里不一的表现，与所处的环境、所受到的教育有很大的关系。如果父母在孩子面前表现出人前一套，人后一套，或是对孩子实施脸谱式教育，那么孩子就会形成两面派的性格。

真正的教养，应该是人前操持，人后慎独。这是说，在有人的时候，要表现得讲礼貌、懂规矩，遵守思想道德准则，在没人监督的时候，也要谨慎行事，遵守各种思想道德准则。只有做到人前人后一致，才能称得上有教养。

对此，父母需要注意两点：

第一，不要给孩子灌输有歧义的思想观念。就像我给孩子灌输的“不喜欢，也不要拒绝别人的好意”的思想观念，它本身是存在歧义的，孩子会理解人，人前不拒绝别人的好意，但人后可以随意处理别人的好意。这样有着歧义的思想观念，就造就出了孩子的表里不一。

第二，不要在孩子面前言行不一致。很多父母在孩子面前，嘴上一套，行为上又一套，这也是表里不一的表现。在亲子同步效应下，孩子会有样学样，也会如父母一般，嘴上一套，行为上又一套。所以，为了能让孩子做到人前操持，人后慎独，父母要慎言慎行，在孩子面前做到言行一致。

第八章
美好生活是最好的“孵化”教养

美好的生活就像一抹阳光，能够驱散孩子内心的阴霾，洗涤孩子的心灵，所以美好生活能够起到教养孩子的作用。父母需要引导孩子去热爱生活，因为只有先懂得热爱生活，才能发现生活中的美。

热爱生活的孩子才会被生活所爱

孩子生活在同一片蓝天下，但却展现出了两种态度：

有的孩子遇到挫折时，会抱怨生活的不公，有的孩子则会坦然面对；有的孩子遇到困难时，会胆小退缩，有的孩子则会勇敢面对；有的孩子遇到烦闷的事情时，会将自己关在房间里，有的孩子则会用运动来宣泄内心的负面情绪。

这两种截然不同的态度，反映出的是孩子对生活的态度。前者对生活的态度是消极的、悲观的，能够看出对生活的厌恶；而后者对生活的态度是积极的、乐观的，能够看出对生活的热爱。

热爱生活的孩子，他们的嘴角边永远带着一抹微笑，他们会微笑待人、微笑处事。他们既像个小超人，永远不会被打倒，也像是一颗小太阳，身上散发着光和热。而这样的孩子，由内而外散发出教养，引人喜爱。

有教养的孩子都是热爱生活的，我们在教养孩子的时候，必须要教导孩子去热爱生活。只有先学会热爱生活，才能被生活所热爱。

生活就像一首歌，有低潮，有高潮，有欢快的旋律，有忧伤的节奏，耐心地将这一首歌听完，细细品味并回味，才叫热爱生活。所以，父母要引导孩子乐观地面对生活中一切好的与不好的，才能培养出孩子那热爱生活的心。

热爱生活是一种态度，一种能力。懂得了热爱生活，每一天都是灿烂美好的。

01/ 充满仪式感的养育，是对孩子的富养

生活需要仪式感。那么，什么是仪式感呢？仪式感是人们表达内心情感的方式，也是人们热爱生活的态度。

我很喜欢法国童话故事《小王子》，在故事中，小王子问小狐狸：“仪式感是什么？”小狐狸回答说：“这是件经常被遗忘的事情，仪式感是使某一天与其他日子不同，是使某一时刻与其他时刻不同。”而我对仪式感的认知是，它是一种幸福感。

在情节人的时候，我送妻子一束玫瑰花；在过年的时候，我和家人一起写对联、贴春联；在父亲节的时候，孩子们送我一副亲手画的画……这些举动都充满了仪式感，而我的内心也感到前所未有的幸福和快乐。

这些仪式感会令我的心变得格外的平静，往日里的尘嚣瞬间销声匿迹；这些仪式感会令我变得积极乐观，那些曾被我视作坎儿的事儿，仿佛都不再是事。所以，仪式感令我热爱起生活，令我用积极乐观的态度去面对生活。

仪式感尚且能让成年人热爱生活，对孩子也有效果。父

母对孩子实施充满仪式感的教育，是对孩子的一种富养，也是给孩子一笔巨大财富。

充满仪式感的教育，对孩子有什么重要性呢？

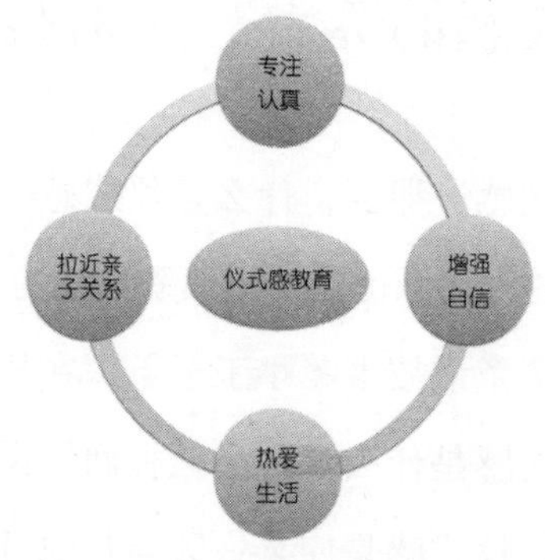

图8-1 “仪式感教育”对孩子的影响

从心理学角度来说，仪式感是一种强烈的自我暗示，它能够暗示人调整自己的言行举止，使人更专心、更认真地去对待一件事。

比如，我让女儿给我表演一段舞蹈，在没有舞服和舞台的情况下，她会跳得很敷衍。当我给孩子穿上漂亮的舞服舞鞋，画上一个舞台妆后，她就是一个真正的小舞者，她会将每一个表情、舞蹈动作都做到位。所以，仪式感能够让孩子认真、用心地去做一件事，也有利于提升孩子的专注力、反应能力、意志力等各种能力。

仪式感教育，也能增强孩子的自信心。生活中，父母给孩子过生日，在六一儿童节时，陪伴孩子或送孩子礼物，都让孩子极有自我认同感，知道自己很重要，而这能够直接提升孩子的自信。

仪式感教育，能令孩子热爱生活。有仪式感的日子是与众不同的，能够令孩子产生期待感，而这种期待，其实就是对生活的一种热爱。当孩子从小接受充满仪式感的教育，孩子长大后，会继续将仪式感融入自己的生活之中。

当然，仪式感教育也利于促进亲子关系的发展。不管是父母给孩子过节日，还是孩子给父母过节日，都会拉近亲子关系，让孩子感觉到自己所处的环境是一个有爱的环境。

既然充满仪式感的教育对孩子的人生如此重要，那么怎么对孩子进行仪式感教育呢?

用心去过每一个重要的日子。如《小王子》里的小狐狸所说，仪式感是与众不同的日子。所以，生活中的每一个重要的日子都是与众不同的，这些重要的日子可以是纪念日，可以是节日。每当日子来临时，父母都要带着孩子用心准备，让其参与其中，这样他才能感觉到仪式感，会对生活充满期待。

教孩子去创造仪式感。仪式感能够很大程度削弱一个人的负面情绪，所以父母要引导孩子创造仪式感。比如吃的晚餐不够丰盛，那么可以加入一点仪式感，摆出一个精美的摆盘后再用餐。这样，孩子的心情会变好，也很有食欲。创造仪式感很简单，就是创造出与往日的不同。

将仪式感融入教养之中。仪式感教育能令孩子变得很有修养，而这种修养是由内而外散发出来的。比如每天出门时说一声“再见”，每天睡觉时说一声“晚安”，这些事情虽然很小，但却充满了浓浓的仪式感，同时也能体现出修养。

仪式感不是生活的必需品，但却是生活的调味品。有了仪式感，生活才多姿多彩，我们的孩子也将越发热爱生活。

02/ 让孩子会审美，究竟有多重要

同样的环境，有的孩子觉得一刻也待不了，有的孩子却能将环境点缀得温馨、美丽。孩子会有这样的差异，在于是否有审美观。

因为，没有审美观的孩子，他发现不了美丽，所以他看到的是糟糕，而拥有审美观的孩子，他会挖掘出美丽之处，并将其打造得更加美丽。可见，拥有审美观的孩子比没有审美观的孩子更适应恶劣的环境，也更加热爱生活。

为什么孩子之间有的有审美观，有的缺乏审美观呢？原因是孩子有没有进行美育。

什么是美育？其实就是审美教育、美感教育，是指人通过培养拥有了认识美、感受美、体验美和创造美的能力。与此同时，美育也能使人拥有美丽的理想、情操、品格和素养。

“美育”这一概念，最早是由德国哲学家席勒提出的，他认为每一个孩子都应该接受美感教育。因为当孩子有了一双发现美的眼睛后，他就能拥有创造美的能力，也将热爱生活。我国教育大师蔡元培也认为，孩子的健康成长离不开美学教育。因为，孩子审美能力的有无能直接影响到孩子的人格。

我比较欣赏央视的主持人董卿，她优雅知性，学识渊博。在一次节目中，她诉说了缺乏美感教育给她造成的伤害。

董卿出生于高知识分子家庭，名校毕业的父亲对她的教育尤为严格。小时候的董卿有一段时间特别爱照镜子，父亲就对她说马铃薯再怎么打扮依然是土豆，与其有时间照镜子，不如多看点书。

当董卿穿上妈妈给她做的新衣服时，她臭美极了。父亲看到她臭美后，当着董卿的面对孩子的妈妈说，孩子不需要那么多衣服，足够穿就行，他教导董卿与其把时间花在穿衣打扮上，不如多看点书。

董卿说，父亲限制她爱美，令她丧失了认识美、追求美、探索美的能力。令她一度自卑，发现不了自己的价值。

尽管董卿已经成长为一名优秀的女性，但是她童年时期心灵遭受的创伤，却一直没有愈合。也由此可见，缺乏美感教育，能够影响到孩子人格的健康发展。

热爱生活的人，都有一双发现美的眼睛，想要孩子热爱生活，就必须让孩子学会审美。当孩子学会了审美后，会为自己打造美丽的生活环境，会将自己打扮得耀眼美丽，会发现每一个人的美丽之处，所以审美是能够带领孩子走向幸福与快乐的。

父母需要注意，美感教育并不是单纯的美术教育，因为我们的初衷不是让孩子在美术上有所成就，而是希望他能够挖掘出生活之美，所以这里的美感教育更多的是对孩子情感和心灵的素养教育。

如何对孩子进行美感教育呢？

父母可以为孩子塑造一个充满美感的环境，因为这能对孩子的美感起到熏陶的作用。当孩子长时间处在充满美的环境中，审美能力会无形中得到提升。怎么塑造一个充满美感的环境呢？我们可以从两方面着手：

第一，将家庭布置得很优美。除了学校，家是孩子待得最多的地方，所以需要用心去布置。对于家的布置，不在于布置得多精致美丽，有时候简单温馨也能传达出美感，而这种美感是直透人心灵的美。在装饰家的时候，可以让孩子参与其中，孩子在布置的时候，更能深切地感受到家之美。

第二，父母要在孩子面前展现美。父母是孩子的第一任老师，一言一行能够直接影响到孩子。当父母的语言、行为、仪态充满了美感，孩子也将会受到熏陶，从而提升其审美观。

父母也可以带领孩子去发现身边的美。这个世界上有很多美丽的东西，只不过有的美得不起眼，有的需要去挖掘，就比如抽象画，它的美丽就是需要去挖掘的。父母在带孩子领略大自然之美，带孩子去画展、摄影展等艺术展览时，可以引导孩子去发现美，挖掘美。当孩子学会了用审美的眼光去看待事物时，她便具备了美感。

审美是一种能力，它能够培养孩子一生。所以，拥有了审美观的孩子，他会热爱生活一辈子，生活也将热爱他的一生。

03/ 培养一桩爱好
是培养健康少年的关键

人们常说，人需要有爱好，没有爱好的人生犹如一潭死水。这句话虽然有些夸张，但是没有爱好的人生确实是枯燥无味的。

作为父母，你观察过，有爱好的孩子和没有爱好的孩子有什么不同吗？

有爱好的孩子，他们积极而乐观，眼睛里仿佛有一颗颗闪亮的星辰，而他们对生活也充满的热爱与期待。而没有爱好的孩子，他们的眼里缺乏光芒，尤其是在日复一日的文化课学习中，变得麻木，对生活没有一点的热爱与期待。

人的生活是漫长的，只有充满热爱和期待，生活才会有意义。所以，每个孩子都需要有一桩爱好。

有一位名人曾经说过："培养一桩爱好是培养健康少年的关键，至少在一个方面有突出成绩，就能给人带来积极向上的动力和自尊。"所以，爱好对孩子的重要性有：

提升孩子的自信心。爱好，也包含兴趣爱好。生活中，那些将舞蹈、乐器、书法等才艺当作兴趣爱好的孩子，他们身上总散发出一种独特的名为自信的气质。因为，这些才艺能够丰富一个人的内涵，随着内涵的提升，自信心就提升了。

提升孩子的竞争能力。这是个竞争激烈的社会，竞争时，多数考察一个人的综合能力。当将爱好发展为一种能力时，就会起到提升自我竞争力的目的。所以，培养孩子的爱好，就是在提升孩子日后的竞争能力。

提升孩子的意志力。每一个爱好都会投注大量的时间和精力，期间有会遇到各种困难。但是因为喜爱，使得孩子能勇敢地去面对、克服。在与困难做斗争中，孩子的意志力便得到了提升。而意志力很大程度能够决定孩子未来成功与否。

提升孩子对生活的热爱之情。爱好是生活中的一部分，当一个人全身心地投入爱好当中后，会感到无比愉快，所以有爱好的人比没有爱好的人要期待生活，热爱生活。当我们的孩子对生活产生麻木感时，不妨培养孩子一桩爱好，爱好能够使孩子重新燃起对生活的热情。

在了解到爱好对孩子成长的重要性后，作为父母，必须要将培养孩子一桩爱好的课程提上日程。那么，如何培养孩子的爱好呢？有几点需要注意：

第一，父母要给孩子选择自我爱好的权利。很多时候，父母因为孩子年龄小，或是出于对孩子日后发展的考虑，或是盲目跟风，等等，会不顾孩子的意愿，替孩子选择出对孩子好、最适合孩子的爱好。然而，父母选择出来的爱好，并非孩子所爱。孩子投入其中时，不仅感受不到快乐，反而会感觉到痛苦。

父母需要明白，培养孩子爱好的目的，是激发孩子热爱生活的心。所以，爱好必须要是孩子喜爱的。父母要将选择的权利交给孩子，让孩子去选择。

第二，引导孩子将自己的爱好与优点靠拢。一条尽头有着无数风景大路，如果前路畅通，会让人迫不及待继续前行，如果路上有太多坎坷，就会萌生出退意。虽然爱好是建立在孩子的喜爱之上，但是如果孩子在爱好上栽了太多的跟头，也很难有动力继续下去。所以，以孩子的优点去培养爱好，能够激发孩子的积极性，让孩子在爱好这条路上继续走下去。比如我的儿子，他很有数学天赋，我便引导他将珠心算当作自己的爱好。每一次，他都能快速地掌握运算技巧，这令他越来越喜爱珠心算。

04/ 自动自发的孩子，让父母身心解放

什么样的孩子最令父母省心？

我接触过的家长，他们给我的答案有很多，比如：知道自己错了，能够主动改正的孩子；做某件事情时，不用父母催促，自己主动做好的孩子；有计划，能够将自己的生活、学习安排的有条不紊的孩子；遇到困难和挫折时，会勇敢面对、努力克服的孩子；等等。

仔细观察会发现，这些孩子身上有一个特质，那就是自动自发。正是因为孩子懂得自动自发，才让父母感到安心、身心。所以，自动自发是让父母身心解放的奥秘。

什么是自动自发呢？是指自动坚守高效率的行为准则。简而言之，就是不用他人的提醒和督促，能够自发地高效率将事情完成。

自动自发是一种积极向上的态度，它对孩子的成长能起到重要作用。比如，自动自发能够让孩子蜕变得很优秀。自动自发能够让孩子主动地投入到学习当中，且学习效率很高。而孩子学习得越多，也会越发优秀。

自动自发能够令孩子获得更多的机会和机遇。自动自发的人能给人一种安全感、靠谱感，人们愿意将重要的事情交给这样的人去做。所以，自动自发能够令孩子日后获得更多的机会。

更为重要的是，自动自发会令孩子热爱生活。因为，自动自发是建立在喜爱的基础之上的，因为喜爱，才会主动，才会高效率地去执行。当孩子将自动自发当作了习惯，那么他会用喜爱的态度去看待生活，这何尝不是对生活的热爱。

为什么有些孩子能够拥有自动自发的特质，有些孩子却做事拖拉、效率极低呢？我分析了一下，无外乎这样几个原因：

第一，父母对孩子督促得太用力。不只是孩子，成年人在受到他人的监督时，也会感到不自在，感到有压力。在这种不舒服的感觉下，孩子自然没有自动自发的动力。

第二，父母对孩子过于溺爱。溺爱会令父母对孩子大包大揽，这么做不仅会令孩子丧失动手能力，也会令孩子丧失做事的积极性。能力与兴致的缺失，致使孩子不愿意自动自发。

第三，父母对孩子过于严厉。自动自发是一种自主性的行为，父母的训斥和责骂会令孩子产生恐惧感，继而不敢去自动自发。因为，他们担心做不好会再次被父母严厉对待。

自动自发是孩子成长中必不可少的一种能力、一种态度。而每一个有教养的孩子，也必然具备了自动自发的品质。怎么培养孩子做到自动自发呢？

方法有很多，比如在孩子做某件事时，可以给孩子计时，或是跟孩子比赛。不管是计时，还是跟孩子比赛，都会令孩子产生一种紧迫感。这股紧迫感既能让孩子主动投入其中，又能使孩子速度。当孩子主动地高效率去做事的次数多了，就能将自动自发当作一种习惯。

又比如父母要给予孩子充分的信任，因为父母的信任是孩子行动的动力。就像我们成年人在做一件事时，当对方向我们表达了信任，我们就会有坚定的信念将事情做好，在执行的时候，也会很有动力。

因此，父母要不吝啬地向孩子表示你对他的信任，在言语上，可以跟孩子说“你可以做好”“我相信你”这样的话；在行动上，可以给孩子一些贴心的举动，这都是能让孩子感受到信任感的。

此外，父母也可以教授孩子一些生活中的技能。有时候，孩子遇到陌生的事情时，未知会令他们产生退意和懈怠。反倒是对熟悉的事情，能够毫不犹豫地去做。因此，父母要教授孩子一些生活经验和技能，让孩子有足够的信心去自动自发。

父母不可能陪伴孩子一辈子，当孩子羽翼丰满的那天，人生的路需要他们独自走，生活也需要他们独自去探索和面对。所以，每个孩子都需要具备自动自发的能力。

05/ 让孩子见世面可不是旅行那么简单

观察身边的孩子，你会发现有的孩子非常有主见，在任何一个场合都落落大方，从不怯场；有的孩子则很没有主见，在陌生的场合中总表现得唯唯诺诺，相当怯场。孩子之间会有如此之大的差别，原因在于孩子有没有见过世面。

见世面，是指阅历多，非常熟悉为人处世的道理。而孩子有没有见过世面，能够直接影响到孩子的教养。

有一次我带着孩子参加朋友的婚礼，朋友订购了一个超大的多层蛋糕，外形是一座如梦如幻的粉色城堡。对现在的孩子来说，生日蛋糕很常见，但很多家长鉴于不浪费的原则，给孩子买的蛋糕都很简单，尺寸也适中。

我的朋友订购的蛋糕又大又精致，一下子吸引了大半孩子的注意力。有些孩子因为好奇，有些孩子因为忍受不了诱惑，哪怕有家长和老师的制止，他们也控制不住地将蛋糕围了个水泄不通。有些孩子会摸摸蛋糕上的装饰品，有的孩子则会用食指蘸一下蛋糕上的奶油，放进嘴里舔一舔。

这样的行为显然是有失教养的，而致使孩子有失教养的原因，在于孩子没有见过世面。而我的孩子没有过去，是因为她幼儿园毕业的时候学校订购了一个规模相当的蛋糕。而这也说明，见世面能够让孩子有一个好的教养。

父母带孩子见世面，对孩子的未来有很大的帮助。比如，可以使孩子站在长远的角度去看待问题。

很多时候，人的目光短浅，只看到眼前的利益，正是因为见的世面不多。当世面见得多了，眼界宽广起来了，便不会留恋眼前利益，而是会看长远的利益。所以，多带孩子见世面，能够让孩子目光长远

父母带孩子见世面，也能令孩子坚守本心，不受诱惑。在孩子成长的过程中，会遇到各种各样的诱惑。其中，有些诱惑会给孩子带来不可挽回的伤害。如果孩子见多识广，就不会被诱惑俘虏，会坚守住自己的本心。

此外，多带孩子见世面，能够让孩子热爱生活。热爱生活，其实是对生活有一种期待。父母带孩子见世面，能够让孩子见识各种新奇的事物，有各种不同的体验，这会使孩子对生活期待起来，对生活燃起热爱。

怎么带孩子见世面呢？带孩子见世面可不是旅行那么简单。

父母带孩子去旅游确实可以增长孩子的见识，但是却不能提升孩子为人处世的能力。况且，现今很多旅游地工业气息、商业气息严重，并不能让孩子感受到自然之美，不利于培养孩子对生活的热爱之情。

真正的见世面是带孩子去一些特别的地方，做一些特别

的事，比如带孩子去福利院。在福利院中，孩子可以认知到这个世界上有很多孩子生活得不幸福，他们没有一个完整的家庭，没有父母的疼爱和保护。这能够培养孩子乐于助人的品格，令孩子加倍珍惜当下的生活。

06/ 今天，你给孩子“精神供氧”了吗

在孩子的一生中，父母会扮演多个角色：

第一个角色是创造者。因为，孩子的生命是父母给予的。第二个角色是物质供养者。在孩子没有诞生自我意识之前，父母的重点放在了孩子的吃穿用度上，以确保孩子能健康成长。第三个角色是老师。这个时期，孩子诞生了自我意识，父母需要教导孩子怎么学习，怎么做人。随着孩子自己长大，父母又会扮演第四个角色——朋友。因为朋友的身份方便父母聆听孩子的心声，能够起到引导孩子身心健康发展的作用……

其实，在孩子的成长过程中，父母最需要扮演的角色是精神供氧者，这一角色是扮演的所有角色中的主角。

人和动物最大的区别之一是人具有复杂的思想，而思想是人的精神层面，人的另一层面则是肉体。人的肉体有各

种需求，比如吃、喝、穿等，有物质的供养才能够让肉体得以生存。同样的，人的精神层面也有需求，而精神则能够驱使肉体。正如意大利杰出的幼儿教育家玛利亚·蒙台梭利所说：“人作为一个精神的存在，需要借助肉体把自己表达出来。”

曾经有心理学家对孩子的精神层面做了研究，心理学家以孤儿院中的孩子为实验对象。他们发现，没有父母关注的孩子身上存在了众多缺点，比如性格孤僻、情绪起伏剧烈、注意力不集中等。当心理学家组织成员定时给这些孤儿院的孩子送温暖，给予他们精神供养时，一段时间后，孩子的缺点明显得到了纠正。

可见，孩子的精神层面对孩子来说是非常重要的。首先，精神层面能够决定孩子的成就有多大，有多优秀。因为，精神层面决定了孩子对人对事的态度、人格品质等。当孩子的精神层面越高，其态度越优秀、品格越高尚，这些都能直接决定孩子成就的高低。

其次，精神层面能够决定孩子对生活的态度。当孩子接受的精神供给是积极向上的，那么，孩子也将会用积极向上的态度去面对生活。而热爱生活，何尝不是一种积极向上呢！

我们想要将孩子培养成一个出色的孩子，必须要给孩子的精神层面提供丰富的养分。父母作为与孩子相处时间最久、最亲密的人，是孩子精神供养的首选者，必须要扮演好“精神供氧者”这一角色。

怎么给孩子“精神供氧”呢？当孩子遭遇挫折时，要鼓励孩子勇敢地面对；当孩子遭遇失败时，要给予孩子安慰，并鼓励孩子重新站起来；当孩子有杰出表现时，要给予孩子表扬；当孩子伤心难过时，要安慰其受伤的心灵；在孩子内心欢喜时，要主动分享孩子的喜悦，让其喜悦开平方；当孩子对生活失去期待时，要带着孩子挖掘生活中的乐趣所在，重拾对生活的期待与热爱……

图8-2 “精神供氧”

父母对孩子关爱、欣赏、鼓励、赞扬等等，对孩子来说，是他们精神层面赖以生存的氧气。这也是“精神供氧”的由来。